Lk 8 60

LETTRES

SUR

L'ALGÉRIE

Par M. H. C.

CLERMONT-FERRAND,

IMPRIMERIE ET LIBRAIRIE D'AUGUSTE VEYSSET.

Rue de la Treille, 14.

———

1844.

DESCRIPTION

SUR

L'ALGÉRIE.

PREMIÈRE LETTRE.

Mon cher ami,

Lors de mon départ pour l'Afrique, au mois d'août dernier, vous obtîntes de mon amitié la promesse de vous faire part de mes impressions. N'aurez-vous pas à vous repentir de votre instance à m'arracher cette promesse, beaucoup plus que je ne me suis repenti moi-même d'avoir eu ce moment de faiblesse ? Ignorez-vous donc combien de choses étranges peut vous raconter un voyageur qui sort réellement de chez lui, qui fait un voyage autre que celui qui commence à son salon et finit à sa chambre à coucher ? Nous avons tant d'écrivains qui livrent au public des voyages autour de n'importe quel pays, et qui n'ayant jamais fait que le tour des buttes Montmartre, vous font les récits les plus nourris de faits curieux et bizarres !

L'un des écrivains les plus spirituels de notre époque a publié des impressions de voyages en Suisse, que vous avez sans doute lues : vous souvient-il d'un certain filet d'ours qu'Alexandre Dumas, malgré son intrépidité, fut obligé de repousser de ses lèvres lorsqu'il apprit l'origine de ce mets qu'il trouvait succulent avant la malencontreuse narration de son hôtesse ! Tenez pour certain que ce filet d'ours n'est qu'un plat de la façon d'Alexandre Dumas, servi à ses lecteurs et qu'il n'a jamais porté à sa bouche, pour moi qui ai visité plus d'une fois la Suisse, je n'ai pas eu le bonheur de me voir servir le plus petit filet d'ours. Pour venger ce pays indignement calomnié, je lui rends cette justice que nulle part je n'ai rencontré plus de propreté, meilleure chère, plus de confortable enfin.

N'aurais-je pas le droit, moi qui, comme vous le savez, ai parcouru toutes les côtes d'Afrique, n'aurais-je pas le droit, humble imitateur d'Alexandre Dumas, de vous servir un ragoût de chameau, voire même de lion et de chacal, et surtout de vous l'assaisonner à mon gré. L'ours dont Alexandre Dumas se délectait si bien en Suisse n'avait commis que la légère peccadille de venir chaque nuit dans un jardin faire son repas sur un poirier chargé d'excellents fruits ; ne pourrais-je pas vous représenter mon chameau, mon lion ou mon chacal beaucoup plus coupable, nous attaquant traîtreusement dans un ravin, ou bien au milieu d'une chasse dans les montagnes ardues de l'Atlas, fondant sur nous avec impétuosité, se défendant avec courage, et ne cédant qu'à la supériorité du nombre et à l'adresse de ses adversaires : je pourrais même, pour embellir mon récit, vous faire l'énumération des morts et des blessés. Mais rassurez-vous, je n'ai rien d'aussi tragique à vous raconter, le champ serait vaste, je l'abandonne à d'autres ; et puis, qui me dit qu'un démenti ne viendrait pas détruire la narration, produit de mon imagination ? je suis peu jaloux de courir cette chance, je laisse donc à nos touristes et à nos écrivains à la mode la fantaisie d'embellir leurs récits d'histoires plus ou moins originales et vraisemblables. Je n'ai nulle prétention à l'approbation de telle ou telle classe de lecteurs, et j'ai si peu le goût et l'habitude de livrer mes impressions au public que, lors de mes précédents voyages en Afrique, j'ai su résister à vos sollicitations. Aujourd'hui que ma parole est donnée, je tiendrai ma promesse.

Les observations que l'on pourrait faire en Afrique seraient nombreuses et pleines d'intérêt ; mais il faudrait pour cela y avoir beaucoup plus de loisir que moi ; car vous n'ignorez pas que je visite ce pays, attiré par des intérêts de commerce très-sérieux et non par une curiosité de voyageur désœuvré.

Tous les instants de répit que me donne le soin des affaires qui m'appellent en Afrique, sont toujours consacrés à étudier les mœurs, les usages du pays, les progrès que fait chaque année la colonie et principalement les ressources que le pays peut fournir au commerce en échange des produits que la France y expédie chaque jour. Aussi pouvez-vous regarder mon opinion et mes dires comme le résultat de notes exactement prises, d'observations faites sérieusement, froidement et sans prévention.

Le voyage d'Afrique se fait aujourd'hui tout aussi facilement que celui de Clermont à Paris.

Les départs de France pour cette contrée sont toujours à destination d'Alger ; à Toulon, ils ont lieu les 10, 20, 30 de chaque mois. A ces départs sont affectés des bâtiments à vapeur de la marine royale. Deux causes empêchent les passagers civils de prendre cette voie. La première, c'est que les bâtiments à vapeur de la marine royale restent pour la traversée 24 heures de plus que les bâtiments à vapeur du commerce ; la seconde c'est que les civils n'y ont que des passages *sur le pont*, sans un toit pour s'abriter, sans une couverture pour se reposer.

Les départs ont lieu à Marseille les 5, 15, 25 de chaque mois :

A ce service sont affectés les bâtiments à vapeur du commerce de la compagnie Bazin qui font le service des dépêches : le prix des passages est beaucoup trop élevé, le commerce et les passagers civils de toutes les classes réclament une amélioration, et l'on se demande pourquoi le gouvernement qui paye une somme énorme à la compagnie Bazin pour le transport des dépêches ne lui impose pas un tarif plus bas, et par conséquent plus favorable au commerce et à la prospérité de la colonie ?

Le prix des premières places est de 105 fr. avec couchette.

Le prix des secondes places, de 80 fr. avec couchette.

Le prix des troisièmes places, de 50 fr. sans couchette sur le pont.

La couchette des premières ne diffère de celle des secondes que par le plus de propreté.

Plus, vous payez 2 fr. 50 c. pour transporter vous et vos bagages à bord au moment du départ.

Dans ce prix ne se trouvent pas compris les frais de nourriture, qui sont à la charge de chaque passager, quelque temps que dure la traversée. Un pourvoyeur est à bord qui, moyennant trois francs par repas, donne à manger ni trop bien ni trop mal.

J'ai lu beaucoup de récits de voyages divers, et je dois avouer que généralement j'y vois les maîtres d'hôtels et les pourvoyeurs de bord, représentés sous des couleurs qui les font considérablement ressembler à des empoisonneurs et à des voleurs ! cette manière de peindre les choses peut avoir son côté séduisant, plaisant et agréable pour le lecteur avide de détails piquants, et donne facilement à l'écrivain l'occasion de faire de l'esprit : mais la vérité me force à dire que les pourvoyeurs des bâtiments qui font le service d'Afrique, d'ailleurs sévèrement surveillés par le capitaine du bord, servent les passagers aussi convenablement qu'il est possible de l'exiger, si l'on tient compte de la difficulté de conserver les provisions fraîches, surtout lorsque la traversée se prolonge au delà des prévisions ordinaires, ce qui n'est pas rare sur les côtes d'Afrique.

Je quittai Marseille le 5 septembre, à 5 heures du soir, sur le bâteau à vapeur le *Pharamond*, excellent marcheur, mais horrible bâtiment, léger comme une coquille de noix, qui s'agite et se trémousse comme une anguille vivante dans l'huile à 46 degrés de chaleur. Que votre bon génie vous garde des roulis et du tangage du *Pharamond* ! — Un estomac de fer, des entrailles de bronze ne résisteraient pas à ses mouvements convulsifs, c'est une torture atroce, et quand le misérable vous tient, il vous agite, vous brise, vous retourne le corps jusques à ce que, épuisé, haletant, vous tombiez anéanti, dans une complète prostration physique et morale, en vous avouant vaincu

Nous étions 210 passagers de toutes les classes, de toutes les conditions, de tout âge : Après l'appel qui se fit sur le pont, nous levâmes l'ancre, notre sortie se fit sans encombre du port de Marseille, et nous étions, dès ce moment, à la merci de la Méditerranée qui peut bien n'être pas méchante, mais qui a de durs caprices de fureur. A 8 heures, nous étions presque à la hauteur de Toulon, nous nous dirigions au sud-ouest, la nuit vint peu à peu nous dérober la terre que nous apercevions encore confusément, le mal de mer, ce mal horrible, *à nul autre pareil*, vint me rappeler que j'avais le pied peu marin et le cœur peu propre à la navigation, je gagnai mon gîte.

Laissez-moi à mes souffrances que je ne puis et ne veux vous dépeindre, vous seriez incrédule et me traiteriez d'homme sans énergie..... Nous voici donc en face du Port-Mahon : on passe vite, hâtons-nous de jeter notre coup d'œil ; tristement assis sur le pont, les souffrances premières se sont calmées, le cœur a repris sa place, le courage me revient, je vois de loin l'île *Minorque*, je distingue à peine la ville de Mahon, située au sud de l'île, et l'éloignement ne me permet plus de voir que vaguement la terre. — Adieu aux *îles Baléares*. Nous filons bien nos nœuds, le *Pharamond* nous rend en vitesse ce qu'il nous prend en souffrance, il se hâte, la journée se passe assez calme, assez agréable pour moi, grâce à l'heureuse rencontre que j'ai faite à Marseille de l'excellent et digne ami Godefroy Ca... qui va faire visite à son frère, colonel des Zouaves en Afrique. Les heures se passent en causeries affectueuses et intimes, et grâces à la vitesse de notre bâtiment, après 48 heures de marche, nous apercevons quelques brouillards, c'est la terre ; quelques oiseaux qui viennent se percher sur les vergues et sur le bord des canots amarrés nous l'annoncent certainement ; Alger ne nous apparait pas encore, mais nous avons le cap dessus, après une heure d'attente et de joie comprimée par l'incertitude, nous voyons poindre le phare qui se dessine, les manœuvres de bord commencent, nous hissons notre pavillon national, le signal rendu par l'amirauté nous indique que nous sommes reconnus, le pilote du port se détache, sort de la rade et vient nous livrer l'entrée, nous tournons le môle, chacun se lève, oublie son mal, que l'approche de la terre fait disparaitre, les plus faibles seuls gardent leur gîte, il faut faire ses préparatifs de débarquement, nous sommes devant Alger que je ne revois pas sans plaisir. — Adieu, à un autre jour,

IIᵉ LETTRE.

La fin de ma dernière lettre vous laissait très-impoliment devant Alger, mais je viens réparer ma faute et vous tirer d'embarras; car je suppose que vous ne deviez être que peu à votre aise, vous trouvant seul sans guide, sans connaissances, sur le point de mettre le pied sur cette terre arabe, qui prête si bien aux suppositions craintives, aux événements fantastiques et bizarres. Rassurez-vous, je me charge de vous ouvrir les portes d'Alger, la ville sainte, sans rencontre désagréable, sans épisode au moins tragique; nous ferons notre entrée paisiblement, aussi tranquillement que le bourgeois parisien entrait autrefois dans son Paris en revenant du Hàvre par la Seine.

Mais avant, examinons un peu la ville d'Alger, vue de la mer. N'êtes-vous pas frappé, comme moi, de l'aspect bizarre que forme cette masse de maisons à terrasses blanchâtres, jetées pèle-mèle, sans régularité, sans autre ressemblance que leur monotone et parfaite blancheur? Voyez ce désordre; l'une offre à votre vue son angle aigu; l'autre, une demi-façade; vous devinez sans peine que dans cette ville chacun bâtissait selon son caprice, sans suivre un alignement déterminé. J'ai souvent entendu comparer la ville d'Alger à une carrière de pierres blanchâtres, dans laquelle on se serait plu à tailler toutes les figures géométriques connues; la comparaison ne manque pas de justesse. La ville est bâtie sur une colline en pente rude; aussi, de la rade voyez-vous et embrassez-vous d'un coup d'œil toute la masse de ses maisons qui sont étagées comme les degrés d'un amphithéâtre. Deux énormes murs blancs partant du sommet de la montagne et tirant leur ligne perpendiculaire sur la mer, enferment la ville du côté de l'est et de l'ouest; le midi est défendu par la *casbah*, dont vous découvrez, là-haut, un peu à votre gauche, les donjons multipliés qui tranchent le bleu de l'horizon par leur sempiternelle couche blanchâtre. Le fort de l'Empereur s'élève formidable, à l'est, et ouvre ses gueules de bronze sur le derrière de la ville et sur la plaine de Mustapha qu'il domine; Alger s'allonge et vient jusqu'au rivage, sultane nonchalante, baigner ses pieds dans les flots de la Méditerranée.

Avançons, et avant d'aborder au quai, jetez avec moi un coup d'œil sur le môle qui coûte si cher et qui progesse si peu. Les bâtiments de l'Amirauté sont aussi à notre droite. il ne faut pas quitter le port sans remarquer le nombre considérable de navires qui viennent paisiblement de toutes les parties du monde porter les produits des nations civilisées à un peuple qui malheureusement s'obstine à fermer l'oreille à toutes les avances de la civilisation.

C'est un pas immense cependant fait en faveur de l'humanité que cette réunion de toutes les marines du monde dans un port que l'on fuyait autrefois comme un lieu de danger et de perte inévitable. Autrefois les navires y trouvaient le pillage, les hommes de l'équipage la mort; aujourd'hui la France y a porté sa protection toujours généreuse, son hospitalité toujours bienveillante; aussi les navires s'y croisent-ils sans cesse. La Suède et la Hollande y sont représentées par ces frégates à forme de coquille de noix, arrondies à l'avant et à l'arrière, faites ainsi pour lutter contre les glaces des mers du Nord: La Russie y a quelques-uns de ses pesants navires, et l'Italic plusieurs de ses petits bateaux, il va sans dire que l'Angleteterre que l'on trouve partout est là pour guetter l'occasion de jeter sur la côte, en contrebande, quelques cargaisons de tissus. La France fournit le plus grand nombre de navires de guerre et marchands dans le port d'Alger.

Arrivé au quai d'Alger, débarquer est un souci ; fort heureusement pour moi que j'ai l'expérience des lieux et des choses, et je ne me hâte pas de quitter la barque qui doit me déposer à terre. Voulez-vous vous récréer d'un spectacle mi-sérieux, mi-plaisant? Dirigez vos yeux sur le quai et ne perdez pas un seul instant de vue le groupe qui encombre le débarcadère ; il se passe là une scène de pirates au petit pied ; vous voyez le mouvement, le jeu des acteurs, je vais vous faire part du sujet de la comédie. En touchant le quai, et aussitôt vos bagages déposés sur le sol africain, vous êtes assailli par une fourmilière de personnages, Maltais, Mahonais, Siciliens, Nègres, Kabailes, tous êtres différents de traits, de couleurs, de costumes, de langage ; ces gens là se figurant sans doute qu'ils ont un droit acquis sur tout ce qui touche le sol africain, se jettent bravement sur vos bagages ; malheur à vous, si vous manquez de fermeté et surtout si vous n'êtes pas pourvu d'une bonne canne ; ils s'emparent chacun d'un article composant vos bagages, et ceux-ci prendraient certainement la direction des quatre points cardinaux si vous n'y mettiez ordre par un peu d'énergie et à l'aide de l'argument que vous tenez solidement dans la main. La hardiesse de ces officieux personnages égale, au moins, celle des porte-faix d'Avignon, justement célèbres par leur insolence et leur rapacité brutale. Quoique à regret, je dois ajouter que l'avantage reste à Alger où l'on est aujourd'hui mieux protégé que l'on ne l'était à Avignon, il y a à peine deux ans.

En effet, sur le débarcadère d'Alger, se tient une espèce d'agent de police indigène, vêtu en Bédoin, baragouinant un français de l'autre monde, mais à défaut de sa langue, vous assurant par force cris et multitude de signes, qu'il est là pour vous faire rendre prompte justice et vous donner bonne protection : pour preuve, l'argousin tient à sa droite un gourdin de taille effrayante, s'interpose énergiquement pour empêcher le désordre ; mais je le prends pour homme d'humeur peu facile, car aussitôt que son éloquence lui fait défaut, il n'hésite pas à modifier complétement la nature de ses raisonnements, il adopte le langage irrésistible, le langage des pieds et des poings ; les assaillants se relèvent de droite et de gauche, non sans murmurer, mais sans user de représailles ; un peu de calme de leur part vous donne la certitude qu'ils ont été convaincus par le dernier argument que vous deviez avoir le libre choix de vos portefaix.

J'ai pour habitude de profiter du moment où chacun se remet sur pied pour demander à notre dévoué protecteur un homme de confiance : il me désigne un Bédoin, ayant plaque et numéro, autorisé par la police ; aussitôt mes bagages chargés, nous nous dirigeons sur la douane.

Les formalités de la douane ne sont ni plus ni moins désagréables à Alger que partout ailleurs, pour celui qui comme moi n'a que les vêtements à son usage et rien de plus, c'est une visite plus ou moins minutieuse selon le caprice du douanier : Le bâtiment de la douane est placé parallélement au quai, dans une longueur de 25 à 30 mètres ; c'est un assez bel édifice, qui dans les premiers temps de l'occupation pouvait être suffisant, mais qui aujourd'hui ne l'est plus ; l'encombrement des marchandises rend les vérifications lentes et difficiles, et le commerce d'Alger demande à juste titre, un agrandissement que l'importance des affaires et les nombreux arrivages rendent indispensable.

La ville d'Alger n'a pour ceux qui arrivent par la Méditerranée qu'une seule entrée, c'est la porte de France ; on arrive à cette porte en gravissant un glacis qui part du quai et aboutit au pied d'un escalier, les vingt marches de cet escalier sont assez rudes ; sur la marche supérieure, est placée une guérite, et à trois pas de la guérite la porte ; en faisant quelques pas on débouche dans la *Rue-de la-Marine*, immense et magnifique rue, ayant deux rangées de belles maisons, de construction française, avec galeries imitant tant bien que mal celles des rues Rivoli et Castiglione de Paris.

Voulez-vous faire connaissance avec la population d'Alger, arrêtons-nous un moment, placez-vous à mon côté et voyez passer ces deux noirs, jambes et bras nus, le corps imparfaitement couvert de quelques lambeaux, jadis blancs et bleus ; remarquez que leur tète est rasée, si vous n'apercevez pas la mèche de cheveux, prescrite par le coran et au moyen de laquelle le complaisant Mahomet doit les introduire en paradis, après leur mort, si vous n'apercevez pas cette précieuse mèche, c'est qu'elle est couverte par ce diminutif de calotte rouge, horriblement crasseuse ; ces hommes doivent vous inspirer quelque pitié, car ils gagnent péniblement leur chétive existence ; ce sont les bètes de somme de la localité.

Le lourd fardeau qu'ils portent à l'aide d'un énorme bàton de 4 mètres de longueur, ferait la charge de quatre portefaix Européens, et cependant, soit zèle, soit habitude, ils trottent sans cesse et ne prennent jamais le pas lent et pesant de ces derniers.

Cette femme à la figure couleur ébène, au teint parfaitement noir et huileux, qui arrive enveloppée d'un lambeau d'étoffe bleue, avec des raies rouges, portant majestueusement sur sa tète un couffin (espèce de cabas de paille), garni de provisions de toute nature, cette femme aux membres charnus, à la charpente un peu exagérée est de race esclave ; aujourd'hui libre, elle est domestique dans une maison européenne : ses jambes et ses bras sont à découvert, vous les voyez à l'aise musculeux et bien arrondis, son pied se pose lourdement sur le sol et s'élargit indéfiniment, car la chaussure ne lui est pas connue ; le bas n'existe pas pour la négresse ; des incisions profondes formant des figures qui ont sans doute leur signification locale, sillonent ses joues, une couleur habituellement bleue marque toutes les lignes tracées et les fait ressortir : d'énormes boucles de cuivre pendent à ses oreilles et les lui allongent impitoyablement ; un cercle de fer poli lui sert de bracelet ; le vètement unique qui la couvre, sans ampleur, étriqué, lui serre les flancs et dessine peu gracieusement sa taille. La fidélité et le dévouement de ces femmes pour leurs maîtres Européens sont connus et bien appréciés, malheureusement il y a là le système de la compensation, leur malpropreté est passée en proverbe.

Voici une Mauresque : son costume d'une parfaite blancheur fait contraste à côté des haillons qui la coudoyent. Le *haik* blanc qui lui enveloppe la tête et qu'avec une main elle tient ramené par les deux bouts ramené au devant du visage, le *haik* lui couvre tout le corps ; un large pantalon blanc complète son costume extérieur. Un voile attaché immédiatement sous les yeux, descend jusques sur la gorge, et permet de voir ses sourcils peint en noir très foncé, et ses yeux qui sont ordinairement fort beaux ; sa main étant nue, vous pouvez remarquer ses ongles peints en bleu, jaune ou couleur brique : cette dernière couleur est le produit d'une poudre que les arabes obtiennent de la feuille broyée d'un arbre qu'ils appellent *henné*. Les pantoufiles qui étaient naguère un objet de luxe, pour les Mauresques, sont aujourd'hui généralement en usage, toutes, comme vous voyez, très évasées, arrondies, à l'extrémité ; elles ne ressemblent pas mal aux sabots que portent les paysans de l'arrondissement de Brioude. Quand au bas, je crois qu'il sera long-temps proscrit par la Mauresque, qui me parait toute fière de laisser voir une jambe et un pied qu'envierait une coquette de nos pays ; le tout est tatoué jusques à la cheville d'une couleur brique ; un anneau de cuivre bien brillant ressort assez gracieusement sur cette jambe enluminée.

L'Arabe que vous voyez de l'autre côté de la rue, adossé contre un mur, fumant gravement, lentement sa longue pipe, cet arabe à l'œil étincelant et mobile, est aujourd'hui un allié, demain peut-être il sera un ennemi : cet autre qui gesticule tant et lui parle avec tant de volubilité, lui prêche peut, ètre la guerre sainte : Notre fumeur reste impassible, il lève les yeux au ciel, il résiste, il vient de répondre *makach*, non.

Le burnous blanc-sale qui le couvre est son uniquement vètement, le capuchon qui le défend à cet instant du soleil, le défendra au besoin de la pluie. Il est entré à Alger, comme soumis. Comme Bias, il porte toute sa fortune avec lui, sa bourse de cuir cachée sous son aisselle gauche, sa pipe à la main ; sa figure a une certaine beauté quoique un peu farouche, les yeux animent cette tète cuivrée que relève une barbe noire : tout arabe à quelque tribu qu'il appartienne, porte la barbe, qu'en France nous qualifions plaisamment *barbe de bouc;* elle est généralement noire, assez longue, mais peu fournie.

Malgré votre impatience, il faut finir notre revue; ne laissez donc pas échapper l'occasion de contempler cette juive toute orgueilleuse de son origine; son vêtement couleur violette est le signe de sa race, en Afrique du moins, le vêtement ne demande sans doute pas beaucoup d'art à la couturière, il me parait être le produit de deux lambeaux d'étoffe superposés et cousus ensemble; une ouverture étant faite pour la tête et les bras (sans manches), passez cela à une femme et vous avez une juive d'Afrique. Ajoutez-lui cependant pour compléter la toilette, des souliers d'un délabré inqualifiable, qu'elle ne porte pas, mais qu'elle traîne avec fracas; quelques bribes de dorures bosselées, tordues et considérablement avariées, le tout en véritable Melchior, ornent sa tête en désordre; vous connaissez maintenant le plus grand luxe de la juive africaine se pavanant dans les rues d'Alger. C'est là la juive à marier; nous parlerons plus tard de la juive mariée et du juif de toutes les conditions, du juif brocanteur, surtout qui est à Alger ce qu'il est partout.

A mon premier loisir, j'irai vous reprendre en Auvergne et nouveaux Asmodée, nous monterons sur les terrasses; de là nous braverons la colère jalouse des Arabes, et si bien que soit mené leur intérieur, nous saurons y glisser furtivement un œil curieux. Je vous promets quelques détails piquants. Adieu.

IIIᵉ LETTRE.

Depuis ma dernière lettre, les nécessités de mon commerce m'ont complètement absorbé ; j'oubliais dans le tourbillon des affaires que je traite la promesse que je vous avais faite ; mais je suis rappelé auprès de vous par des moments de loisir forcé.

Quoiqu'éprouvée antérieurement par le climat africain, ma santé n'a pu résister aux chaleurs accablantes de septembre et à l'action dangereuse du *sirocco* qui a régné pendant plusieurs jours. Vous savez que le *sirocco* est ce vent du désert que les Arabes appellent *Khamsin*, et qu'ils redoutent à tel point qu'ils le regardent comme un châtiment envoyé par Mahomet en courroux. Ce vent souffle du sud-est et porte avec lui une chaleur suffocante qui embrase l'atmosphère, et pénètre dans les appartements les mieux abrités. — Lorsqu'une raffale trop ardente de *sirocco* surprend les Arabes dans la plaine ; ils ne trouvent rien de mieux, pour s'en préserver, que de creuser la terre jusqu'à 6 pouces de profondeur, ils plongent leur tête dans le trou qui leur donne un peu de fraicheur et ils trouvent ainsi un soulagement à leur souffrance. Ces journées de chaleur inusitée excitent une soif incessante qu'il serait prudent de supporter, mais nul Européen nouvellement débarqué ne résiste à la tentation et l'usage trop fréquent des boissons prédispose à des faiblesses, à des transpirations qui habituellement engendrent la fièvre et la dyssenterie. J'ai donc payé un cruel tribut à ces deux maladies qui m'ont tenu huit jours dans ma chambre ; je suis convalescent, profitons de ma première sortie pour continuer nos pérégrinations.

Nous étions à la rue de la Marine ; avant de la quitter, jetons un coup d'œil sur la *mosquée* qui est à gauche : c'est la plus belle d'Alger : Ce vaste parallélogramme ressemble assez à une caserne ; l'architecture en est simple et sévère ; la porte d'entrée seule est relevée par deux colonnes en stuc, qui ressortent sur le reste de l'édifice de couleur grisâtre ; la porte est ouverte jour et nuit, et nul curieux ou musulman ne peut en franchir le seuil sans profanation, s'il n'est pieds nus ; rien n'indique un temple, un lieu sacré. On arrive d'abord dans une vaste cour pavée, au milieu est une fontaine qui coule sans interruption, et dont les eaux circulant tout autour, vont ensuite se perdre dans des ouvertures pratiquées aux quatre angles ; là cour est plantée d'arbres à l'ombre desquels les Arabes, après leur adoration, font le sieste, modestement roulés dans leurs burnous, étendus sur la dalle. Le lieu des prières est une salle privée de siéges, d'ornements, de décorations, de meubles, aux quatre murailles blanchies à chaux simple. La tour qui surmonte la *Mosquée* n'est pas un simple ornement comme le clocher de nos églises catholiques : en effet, vous entendez des chants qui sont pour vous inintelligibles, de nombreux *allah ! allah !* retentissent dans les airs ; levez les yeux, et vous apercevez au haut de cette tour une balustrade derrière et au tour de laquelle des *Marabouts* circulent processionnellement, ils s'inclinent à plusieurs reprises au levant et au couchant ; ils chantent à plein gosier et avec précipitation, les versets du *Koran*. A ce moment, tous les arabes qui entendent les louanges du grand *Allah !* se penchent et se recueillent, ces prières se répètent jour et nuit et durent 20 minutes

En débouchant sur la petite place *Mahon*, prenons le temps seulement de remarquer les 25 ou 30 omnibus qui y stationnent. Les usages de France se reconnaissent et se sont imposés dans les plus petits détails. Chaque omnibus a son numéro ; ils ont leur destination respective qui est indiquée par les inscriptions qui barbouillent leurs flancs : leurs courses les plus fréquentes sont à Mustapha supérieur et inférieur, Dely-Ibrahim, Kouba, Bouffarik, Birkadem, Birusandrek. Ces chevaux amaigris vous font sourire ! Nous voilà bien, nous Européens, avec notre moquerie et notre incrédulité. — Eh bien ! essayez d'une course et vous direz comme Lafontaine, qu'il ne faut pas juger à l'apparence. Ces chevaux arabes, si petits, si minces, vigoureusement et lestement menés par d'adroits postillons Espagnols ou Siciliens, fournissent bien leur course ; mais il faut se garder de se laisser prendre à la fantaisie de voyager en omnibus Algérien ; auprès de lui le coricolo de Sicile est un délicieux coupé, et la carriole espagnole qu'on maudit tant, une douce berline. L'omnibus d'Alger se compose de quatre roues indispensables, de quelques planches mal-jointes qui forment la caisse, le dessus est couvert d'une toile flottante, les côtés sont ouverts et n'offrent point d'appui, quelques lambeaux d'étoffes d'un rouge ardent ou d'un rose tendre, fort douteux de couleur, sales et puants, placés là sous prétexte de défendre le voyageur de la poussière, lui fouettent désagréablement la figure ; après les cahots les plus bizarres, les soubresauts les plus capricieux, ou n'arrive indubitablement à destination, que mâché, moulu, brisé, rompu.

En quittant la place *Mahon*, une odeur nauséabonde nous avertit que nous tombons dans le marché aux poissons ; il y a de la part de l'autorité incurie, négligence, bien blâmables, de conserver là un pareil centre d'infections. — Les poissons sont, pendant tout le jour, exposés à l'ardeur du soleil ; la police, moins sévère qu'en France à cet égard, n'a pas la prudence d'exiger qu'ils soient tenus dans des vases remplis d'eau, et la poissonerie étant un lieu de passage indispensable pour quiconque fait une course de 20 minutes dans le quartier nord d'Alger, chacun prend sa part de cet inconvénient, au quel l'odorat le plus insensible ne résisterait pas. La santé publique réclame une plus grande rigidité pour ce commerce et surtout un changement que l'autorité s'empressera d'accorder.

Du reste, c'est placer un foyer d'infection à coté de ce qu'Alger renferme de plus beau et de plus agréable. En effet, un simple parapet sépare le marché aux poissons de la *place du Gouvernement*, qui, si elle le cède en étendue à quelques unes, l'emporte sur beaucoup par la beauté de son coup d'œil ; placez-vous à la rampe qui borde la place du côté de la mer ; le mouvement qui règne au quai et dans la rade, égale le mouvement du port de Marseille ; la Méditerranée est à vos pieds et s'ouvre immense sans bornes pour la vue ; dans une tranchée qui sépare le quai de la place, une formidable rangée de canons se cache et domine la mer pour la commander au besoin et la balayer, en cas d'attaques : à votre droite, et à 5 à 6 lieues dans le lointain, le cap *Matiphou* s'avance en pointe dans la mer ; retournez-vous au sud et vous voyez distinctement toute l'ancienne ville qui s'échelonne le long de la colline.

La place du gouvernement est un carré dont les quatre faces ont cent mètres environ ; au midi, le long de la route qui la borde est une double allée d'orangers, de plantation française, à l'ouest, une promenade à huit rangées d'orangers. Ce devrait être une merveille que ces promenades ; l'idée était heureuse, mais le succès n'a pas justifié les espérances conçues. Sans en connaitre ni pouvoir en expliquer les causes, je remarque que depuis mon dernier voyage, ces arbres languissent et dépérissent, et l'on est forcé de les arracher. Les orangers prospèrent aux portes d'Alger. Le rapprochement des habitations leur est-il nuisible, je ne sais ? Autour de la place qui, lors de l'occupation, n'était elle-même qu'un vaste pâté de vieilles maisons, fortement endommagées par l'artillerie de la flotte pendant le siège ; autour de la place, vous reconnaissez sans peine les maisons de construction française ; entre toutes on distingue la maison *Latour du Pin* qui ne déparerait pas les boulevards de Paris.

La place du gouvernement n'est tenable que jusqu'à 10 heures du matin ; de cette heure jusqu'à 5, elle est déserte ; une chaleur de 35 à 36 degrés l'explique suffisamment ; au coucher du soleil, elle se peuple de tout ce qu'Alger compte de *lions* civils ou militaires. Les épaulettes y dominent cependant, les dames à toilette élégante n'y font pas défaut ; le nombre en est assez convenable et l'illusion est telle qu'on se croirait dans les promenades d'une ville d'Europe.

Entrons dans la rue Bab-Azoun ; nos villes de 3e ordre de l'intérieur de la France n'en ont pas une pareille à offrir à la curiosité du voyageur ; sa longueur est au moins de 500 à 600 mètres ; son alignement est des plus réguliers ; les maisons qui la bordent sont fraichement construites ; les galeries de droite et de gauche défendent les piétons de l'ardeur du soleil d'été et des pluies torrentielles de l'hiver. Le milieu est destiné aux nombreuses voitures qui la sillonnent. Quelques beaux magasins commencent à l'embellir ; il y a progrès chaque jour. *Bab-Azoun* est destinée à devenir la rue du beau commerce. Nous touchons à la porte *Bab-Azoun* ; en dehors est le faubourg de l'*Aga ;* mais ne sortons pas de la ville, prenons à droite et visitons la rue de Chartres : Ici point de bruit, point de mouvement de voitures ; c'est la rue des petits commerçants juifs et autres indigènes. Chaque magasin n'a pas plus de 3 mètres carrés et se compose d'une simple devanture. Le propriétaire se tient accroupi sur un tapis, les jambes croisées, muni de sa pipe, compagne inséparable ; un brasier toujours allumé brûle à côté de lui ; son café chauffé sans cesse. L'acheteur ne pénètre pas dans ce sanctuaire ; il n'existe pas de porte. L'Arabe occupe le devant de l'ouverture qui est un demi-mètre plus haut que le niveau de la rue. Le chaland est donc obligé de se tenir en dehors et l'Arabe assis au milieu de sa pacotille, montre sans se déranger les objets qui lui sont demandés. L'Arabe est peu causeur de sa nature, dit-on ; je puis affirmer que le marchand arabe est muet ; si le prix qu'il vous demande vous parait trop élevé et que vous lui offriez au-dessous, le vendeur secoue la tête comme un magot chinois, élève le doigt indicateur de la main droite à la hauteur du nez , lui fait faire un mouvement à droite et à gauche et répond à l'acheteur sans le regarder : *Makach* , non pas ; cela dit, son regard qu'il rend le plus indifférent possible suit les nuages de fumée qu'il lance précipitamment ; si l'acheteur insiste , il a pour toute réponse un mouvement d'épaules que chacun traduit à son gré.

Les magasins de la rue de *Chartres* sont de véritables petits bazars où l'on trouve des marchandises de toutes les nations. C'est là seulement que l'Arabe de la campagne vient faire les provisions nécessaires aux besoins de sa tribu. La rue que nous parcourons est fort belle , bien pavée ; les maisons sont en partie de construction européenne ; elle tire son nom de la place que vous voyez au bout. La place de Chartres est le marché aux légumes ; la vente s'y fait jusqu'à dix heures , cette heure passée , la police fait retirer tous les marchands et laisse le champ libre aux promeneurs. Là, on peut voir quelques-uns des fruits que produit l'Algérie. Regardez cet Arabe accroupi sur le sol , il est d'une malpropreté révoltante ; sa tribu est pauvre ; c'est lui qui a porté, de dix lieues peut-être , les grenades , les figues de Barbarie , les pastèques , les ananas qu'il a entassés sur un coin de son burnous. La vente finie , le lambeau de burnous qu'il avait distrait de son accoutrement reprendra sa place ; ces beaux raisins ne sont pas le produit de l'Afrique qui n'en fournit pas ou très-peu ; ils nous viennent des iles *Baléares* ; ces melons blancs ont la même origine. Si vous voyez quelques beaux fruits , l'Italie et surtout l'Espagne nous les fournissent à des prix très-élevés.

On est surpris en Europe que l'Afrique qui a une température si favorable à la culture de tous les fruits, soit forcée de les tirer du dehors. Cet fait s'explique très-bien si l'on veut réfléchir que la colonisation agricole y est, quoiqu'on dise, à l'état d'essai ; l'Arabe seul serait capable de nous fournir des fruits, et l'Arabe toujours inquiet , peu confiant, redoutant sans cesse des événements imprévus, manquant quelquefois de nourriture , mange ou vend avant maturité le peu de fruits que donnent les quelques arbres épargnés par les razzias. Le système des razzias , bon en lui-même , est devenu ridicule , odieux, impolitique, quand on l'a poussé à des conséquences extrêmes , telle que la destruction des arbres. Les razzias devraient se borner à la prise des troupeaux, à la destruction des récoltes pendantes, et qui se renouvellent annuellement; elles devraient respecter les arbres fruitiers, les forêts qui sont trop rares en Afrique.

Avant de quitter la place de Chartres, payons notre tribut d'éloges à la fontaine qui décore son centre et aux plantations indigènes qui entourent le bassin. Les maisons qui forment les quatre faces de la place sont de construction nouvelle et d'architecture élégante et presque uniforme; des galeries vastes et bien éclairées décorent les côtés est et ouest. La troisième rue qui mérite véritablement ce nom et qui est encore due aux Français, Bab-el-Oueb, est pour ainsi dire le prolongement de Bab-Azoun; séparées seulement par la place, elles sont, si l'on veut mieux, les deux sœurs jumelles; même alignement, égale longueur, constructions semblables, même système de galeries des deux côtés. Cependant la rue Bab-el-Oueb laisse à désirer; son alignement est encore défectueux en réalité, et s'il est régulier et parfait dans le plan qui s'exécute chaque jour, il ne méritera cette qualification qu'après la suppression de quelques vieilles baraques mauresques qui font un contraste disgracieux. Cette amélioration se poursuit activement; encore une année et Bab-el-Oueb ne vaudra pas moins que les rues de la *Marine* et Bab-Azoun.

A gauche de la porte Bab-el-Oueb et sur le même versant de la colline que couvre Alger, sous le mur qui ferme la ville à l'ouest, est placé le *jardin public*, appelé plus vulgairement *jardin des condamnés*. C'es un travail de longue patience, de dur labeur. Le site était bien choisi, mais le terrain peu propice n'offrait qu'une couche rocailleuse; il a fallu recouvrir tout cet espace d'une quantité suffisante de terre végétale. Je reconnais d'autant plus volontiers le mérite de ce travail qu'il est dû en entier aux condamnés militaires, dirigés par le colonel *Marengo*. On ne tarit pas ici en éloges sur ce jardin, dont on vante surtout l'heureuse distribution; on devrait, selon moi, en être beaucoup plus avare; en effet, un espace lui étant donné, le colonel *Marengo* a voulu faire entrer le plus de choses possible dans cette espace; il a mis tous ses soins, tout son savoir à faire des carrés, des triangles, des allées, des sentiers, tout cela divisé, subdivisé, infiniment multiplié; c'était pour lui comme une manœuvre qui excitait et provoquait ses calculs aussi vivement que s'il se fût agi de faire pivoter un régiment dans un cercle étroit; aussi est-il sorti de cette conception mesquinement militaire un jardin en miniature, maniéré, étriqué, bien peigné et toujours en état de passer, sans rougir, une revue de son jardinier en chef; mais il manque de ce grandiose, de ces larges proportions, de cette harmonie un peu hardie qui seules donnent un caractère à une promenade destinée au public. On a vaincu des difficultés, et voilà tout. Cependant il y aurait trop grande sévérité à ne pas reconnaître que des éloges sont dus à l'autorité qui a ordonné et à ceux qui ont exécuté ce jardin qui avec des modifications peut devenir une promenade agréable.

Un autre jardin public a été créé, à deux kilomètres de la ville, à l'est, au delà du village et du camp de Mustapha; il est appelé *jardin d'Essai*; moins coquet que le *jardin des condamnés*, il a plus de beauté et de valeur réelles; mais il est trop éloigné de la ville pour être un lieu de flânerie journalière; son étendue est immense. Son entrée principale se prend sur la route de la *Maison-Carrée*, au petit hameau *des Platanes*, et sa sortie a lieu du côté et sur les bords de la mer. Nous accordons au *jardin d'Essai* nos éloges sans restriction pour ses belles et curieuses fleurs, ses magnifiques allées bien sablées et ses arbres indigènes qui, mélangés avec quelques arbres européens, font un contraste des plus gracieux.

Avant de clore cette trop longue lettre, un mot sur l'hôpital du *Dey*, ainsi dénommé parce qu'il a été construit dans l'espace qu'occupaient la maison et les jardins de plaisance des *Dey* d'Alger. Placé à l'est de la ville, à 20 minutes de la porte Bab-el-Oueb, les bâtiments sont de proportion gigantesque, et contiennent 2,000 lits. A une distance convenable de la ville, au pied d'une colline boisée et qui fait face à la méditerranée, cet hôpital n'a son égal que dans celui de St-Mandrier, à Toulon.

A un prochain courrier, je vous ferai visiter l'intérieur de la ville et la Casbah !... Adieu...

Alger, 19 septembre 1843.

IVe LETTRE.

Si votre curiosité se trouve satisfaite, si vous voulez que je vous continue mon rôle de cicérone, quittez encore une fois votre Auvergne, et finissons dans cette course la visite un peu aride de la ville : plus tard nous ferons quelques réflexions qui vous seront plus instructives.

Dans le bas d'Alger, quartier européen, il ne nous reste qu'à faire une halte dans le bazar des Juifs : c'est une galerie couverte au centre de laquelle est un rond-point à ciel ouvert; le tout modelé sur les galeries que possèdent beaucoup de nos villes françaises.

Des deux côtés sont pratiquées une multitude de niches semblables à celles que nous avons vues dans la rue de Chartres, et qu'on décore du nom prétentieux de magasins. Vous trouvez là le marchand juif qui vous vend des calottes rouges de *Tunis* faites à Orléans ou à Amiens, des bourses algériennes, de fabrique lyonnaise. Les pantouffles, les pipes, les burnous, les flacons d'eau de senteur, les yatagans, les ceintures, tous les articles de fantaisie enfin se vendent dans le bazar des Juifs : les marchands d'origine arabe, mais de religion juive, ont toute l'astuce que nous leur connaissons dans tous les pays du monde : ne soyons pas médisants, mais disons qu'ils justifient bien le proverbe connu.

Un commerce considérable de vieilles hardes se fait dans le bazar : ces brocanteurs de couleurs, de costumes, de langages divers parcourent la galerie dans tous les sens, et provoquent l'acheteur dans une langue tellement variée et sur un diapason si criard qu'il en résulte une *cacaphonie* assourdissante.

C'est dans cette galerie que se tiennent les habiles ouvriers qui brodent les élégants uniformes dont se parent nos officiers de *Spahis*.

Le bazar des Juifs a son entrée principale au débouché de la rue de Chartres et sa sortie en face le palais du gouverneur.

On qualifie de palais la demeure du gouverneur de l'Algérie; je n'ai pas visité l'intérieur que l'on dit d'une richesse toute princière et d'un luxe oriental : cela peut être, mais l'extérieur est loin de donner l'idée d'une habitation plus que bourgeoise. Le bâtiment est de construction mauresque, de forme carré, la façade reblanchie ne se distingue que par une porte d'entrée ornée de sculptures insignifiantes ; un vestibule précède l'escalier principal, le devant de l'édifice vient d'être dégagé de quelques vieilles maisons qui le masquaient, le reste s'enfonce dans un pâté de bicoques qui ne permettent que difficilement d'en embrasser la profondeur.

La ville mauresque vous tente, dirigeons nos pas de ce côté, et nous atteindrons la Casbah?.. Nous traverserons les rues sans les dénommer ; à cet égard j'avoue mon ignorance, et ce serait un travail pénible que de se surcharger la mémoire du nom atrocement baroque de toutes les rues qui se croisent, serpentent dans la partie que nous allons parcourir ; mais je suis un guide sûr, les lieux me sont connus, avançons dans le dédale, et pour atteindre la Casbah, il suffit de mettre en pratique cette simple recommandation que l'on fait à tout européen fraîchement arrivé : prenez la première rue qui se présente à vous, allez toujours en *amont* et si vous n'arrivez pas à la *Casbah*, vous aurez du malheur par exemple, vous formerez les figures les plus bizarres, les plus capricieuses de la géométrie ; mais que vous preniez à droite ou à gauche, pourvu que vous alliez en *amont* vous arriverez infailliblement. Cela dit, nous entrerons dans la rue *Brice*, qui porte le nom d'un colonel qui a servi ou qui sert en Afrique, lequel, par parenthèse, était colonel en 1815, et n'a pu obtenir un avancement que ses bons services auraient bien mérité. Dans la rue *Brice*, sont situés les bureaux de la *direction de l'intérieur*; cette rue rapprochée de la place du gouvernement, a sa part des embellissements qui se font chaque jour. Mais là finissent les rectifications, les améliorations : il ne nous reste à parcourir que des rues inextricables : avançons sans hésiter, à chaque tournant, et nous en ferons de nombreux, si vous voyez apparaître subitement des Arabes qui, enveloppés de leurs burnous blancs vous rappellent les fantômes dont on menace tous les enfants : ces arabes sont polis, convenables et cèdent facilement le pas à tout européen.

Comme tout étranger, vous levez les yeux, et je ne suis pas surpris de votre ébahissement que j'avais prévu, aussi vais-je au-devant de vos questions : les rues que nous traversons sont bordées de maisons sans fenêtres, le rapprochement des maisons laisse à peine au passage deux mètres de largeur, ce serait peu, point assez pour nos climats d'Europe, j'en conviens; les saillies des étages supérieurs permettent à peine de voir le ciel par échappées, de telle sorte que les maisons qui, à la base sont distantes de 2 mètres sont penchées en avant et se touchent presque au sommet.

Je suis tout disposé à croire que cette architecture est de l'invention de quelques *Faublas* arabes qui, ne pouvant pénétrer par les voies ordinaires dans l'intérieur d'un harem ne trouva rien de mieux que de passer par les toits ; à cet effet, il dût construire en face une maison qui lui permit de s'introduire d'une enjambée dans la place ennemie. De là vient sans doute l'usage de construire ces maisons qui semblent s'embrasser.

Cependant cette architecture n'est pas sans son utilité sérieuse. Tous les Européens sont d'abord frappés et choqués de ce défaut de largeur et de la demie obscurité des rues, mais on trouve une compensation à ces vices dans la fraicheur qui y règne toujours. Au reste, n'oublions pas que les Arabes bâtissent pour eux et non pour nous, que leur vie est toute intérieure et secrète, que les femmes s'y voilent et ne devant pas se montrer aux hommes, les croisées extérieures devenaient inutiles.

En Europe et en France surtout, les femmes ne sont pas trop curieuses, mais bien suffisamment ; être vu et voir est la grande occupation de beaucoup d'élégantes, parader à une croisée ou sur un balcon n'est pas contraire à nos usages; aussi trouvons-nous bizarre cette restriction apportée à la curiosité des femmes arabes, et nulle de nos françaises ne voudrait habiter une maison mauresque; en Afrique la même sévérité existe comme autrefois, les femmes s'y soumettent et ne s'en relacheront que très lentement.

Après l'examen extérieur, voyons l'intérieur d'une maison mauresque : Pour y pénétrer, on passe une porte basse à plein ceintre, sculptée; un long corridor étroit, obscur, conduit à une cour carrée : au milieu de la cour est ordinairement une fontaine qui entretient une fraîcheur agréable; la cour est pavée en mosaïque; de gracieuses colonnettes torses soutiennent les galeries qui forment les quatre faces du carré. Sur ces galeries sont pratiquées des croisées qui donnent le jour aux appartements; levez les yeux et vous voyez que les galeries du rez-de-chaussée sont répétées à chaque étage ; on communique aux étages supérieurs par un escalier bas, étroit, dont les marches sont en faïence quadrillée, une terrasse bien blanchie, bien entretenue forme le fait de toutes les maisons mauresques ; cet usage est encore suivi dans les constructions françaises.

Les appartements des arabes sont toujours meublés avec simplicité, ou du moins, avec un luxe sévère; la pièce principale est couverte d'un tapis dont la beauté varie selon l'aisance du propriétaire; c'est sur ce tapis que toute la famille passe la journée, les femmes brodant, les hommes s'occupant d'autres travaux de leur profession, mais les uns et les autres fumant, les femmes le cigarre, les hommes le *chibouk* : si leur fortune le permet ils passent leur temps dans la même position, en causeries, rêveries ou somnolence.

Tout visiteur introduit ne peut refuser de prendre place sur le tapis, d'accepter une pipe et de boire une tasse de leur excellent café. On fait cercle autour d'un petit brasier qui brûle sans cesse au milieu de l'appartement.

Les autres pièces sont destinées à la famille, et ont pour tout ameublement, un tapis et un lit en fer, quelques armes, des costumes appendent aux murs, encore ne trouve-t-on tout cela que chez les Arabes aisés.

Les mauresques que l'on voit dans la rue ont toujours deux costumes; en rentrant elles se débarrassent du *haïk* et il leur reste le costume de couleur, en soie, avec des broderies, des dorures, du clinquant, le tout grâcieux, éblouissant, mais bon pour la femme de loisir seulement.

Vues chez elles quelques Mauresques ne font pas difficulté de laisser leur visage à découvert, mais faut-il être sinon un intime, du moins une connaissance de la famille.

Monter à la *Casbah* est une course pénible; en même temps qu'il faut gravir des rues étroites, tortueuses, encombrées de démolitions, il ne faut pas compter pour rien le désagrément de rencontrer à chaque pas des escadrons d'ânes qui obstruent le passage et auxquels il faut adroitement disputer le terrain. Le haut d'Alger n'est accessible qu'aux hommes, aux chiens et aux ânes: ces derniers montent et descendent sans cesse les matériaux nécessaires aux constructions, les débris des démolitions; chaque Arabe en possédait et en conduisait autrefois un nombre illimité qu'il faisait marcher en troupeau devant lui. Un ordre de l'autorité, en a sagement limité le nombre à trois ânes par Arabes. Je n'ai vu nulle part plus d'ânes qu'en Afrique et à Alger surtout; tout Européen qui s'engage dans les rues de la haute ville, se munit prudemment d'une bonne canne, à l'aide de laquelle il se préserve du frottement peu gracieux de ces quadrupèdes:

Arrivons enfin à la *Casbah;* située à l'extrémité de la colline, elle domine d'un côté la ville, de l'autre elle commande à la campagne et tient les deux sous la crainte de ses canons: C'était bien là la véritable demeure d'un sultan.

Ancienne résidence du Dey d'Alger, la *Casbah* a moins l'apparence extérieure d'un palais que les dehors d'une forteresse. On y arrive par une rue difficile et étroite, l'entrée s'ouvre par une porte que suit une voute à courbes multipliées; on débouche dans une cour, et le premier aspect ne frappe ni par la beauté des édifices ni par le grandiose d'une résidence royale, une foule de petits édifices carrés, de tourelles exigues liées ensemble par des communications secrètes, par des portes basses et nombreuses indiquent bien sa destination. Les Dey d'Alger passaient souvent des années entières sans sortir de la casbah, du haut de laquelle ils effrayaient la régence: A l'abri de la colère des Janissaires aussi prompts à la révolte que le maître était prompt à la vengeance, les Dey cachaient bien dans cette résidence formidable leur luxe, leur dépravation, leurs orgies révoltantes; tyrans, ils commettaient à leur aise des actes sanguinaires et bravaient les représailles.

La *Casbah* est divisée en petits logements que le dey, toujours craintif, habitait tour à tour; c'est dans un donjon, placé au nord-est, et qui servait de boudoir au dey Hussein, que se passa, en 1829, entre lui et M. Duval, consul de France, la scène violente qui se termina par le fameux coup d'éventail. Tout le monde sait que ce fut là, sinon le motif du moins le prétexte de la guerre qui nous a valu la conquête de l'Afrique.

On voit encore sur les terrasses et dans les cours de la *Casbah* les canons démontés qui la défendaient en 1830; les désordres causés par le siége ont été réparés; convertie en caserne, la Casbah est en état de bien résister à une attaque; elle est aujourd'hui occupée par un bataillon de Zouaves et par le 3me bataillon des tirailleurs de Vincennes. Un pavillon a été converti en logements et est occupé par tous les officiers qui commandent les compagnies logées à la Casbah. Cette mesure de prudence est appliquée à tous les régiments en Afrique, sauf quelques exceptions, les officiers ne se séparent pas de leurs compagnies.

Puisqu'il ne nous reste rien d'intéressant à visiter, renvoyons à un autre courrier quelques observations sur l'existence que peuvent se créer à Alger les Européens qui y passent quelques jours, ou ceux qui y sont fixés. . Adieu..

Alger, 4 octobre 1843

Vᶜ LETTRE.

Vous me demandez quelle est la vie matérielle d'Alger, quelles sont les distractions que nous y trouvons? Espérer y rencontrer le confortable de nos villes de France, ce serait se préparer une illusion décevante, croire qu'on y vit mal, ce serait tomber dans une grave erreur.

Alger tient un milieu et penche au confortable. Plusieurs hôtels offrent tout le bien-être désirable : Les hôtels *du Nord*, de la *Régence*, du *Grand Orient* sont tenus avec une propreté, un soin très-satisfaisant.

Pour ceux qui veulent et choisissent les hôtels de premier ordre, l'existence est coûteuse à Alger; la journée se paye 7 fr., c'est-à-dire, 2 fr. la chambre, 5 fr. le déjeûner et le dîner; il est possible cependant de s'y loger à un prix moindre, si l'on fait choix d'un hôtel plus modeste, et alors 5 fr. par jour suffisent comme en France. Je ne parle que du voyageur qui passe et séjourne peu.

A Alger, comme partout, il est possible de vivre à son gré, à bas prix, selon ses goûts et ses ressources : Le bien-être plus que partout ailleurs est cependant subordonné à la somme d'argent que chaque individu peut dépenser.

Pour celui qui habite Alger, les pensions de restaurant sont en moyenne de 60 fr. par mois; le loyer est proportionnellement plus cher; car un modeste appartement de garçon coûte 25 à 30 fr. par mois.

Les provisions de toute espèce ne manquent pas à Alger, mais leur qualité est loin d'être satisfaisante; le vin ordinaire n'y est pas beaucoup plus cher qu'à Clermont, mais c'est un vin tiré du Languedoc, épais, sans saveur, sans goût; la viande de boucherie est maigre, flasque, rougeâtre : J'ai vu quelques troupeaux de bœufs arabes, hélas ! ces pauvres animaux sont étiques et incapables de fournir un bon potage. Quand à ceux qui viennent de France et dont l'embarquement est ordinairement fait à *Cette*, je ne sais si on les choisit maigres et chétifs, ou si le séjour d'Afrique les fait dépérir, quoiqu'il en soit, ils ne sont pas de meilleure qualité.

Le pays et les environs d'Alger sont giboyeux, et fourmillent de lièvres et de perdreaux, mais ils sont loin de valoir ceux que nous mangeons en Europe; la viande en est sèche, sans suc, sans parfum; ce défaut doit être attribué en partie aux grandes chaleurs, à la rareté de l'eau dans les plaines, au manque d'herbes fraîches, au déboisement du sol enfin.

Le restaurant de la *Régence*, tenu par Ferdinand dans la belle maison *Latour-du-Pin* est le lieu de prédilection des grosses épaulettes et des gourmets : ses appartements l'emportent sur ceux de *Versepuy*, et autant que le pays le comporte, sa cuisine ne le cède en rien à celle de notre excellent traiteur.

Les déjeûners de Ferdinand sont à 3 fr. et les dîners à 4 fr. Le prix de la pension de 90 fr. par mois.

Le poisson de mer est d'une ressource immense pour Alger; il est abondant et à prix modéré; objet de luxe pour l'homme aisé en France, le poisson de mer se trouve la nourriture principale du bas peuple d'Alger.

L'Afrique ne donne pas ou peu de légumes, aussi y sont-ils chers; les pommes de terre viennent de la Hollande, le riz de l'Italie, les haricots des côtes de l'Océan; le beurre se tire de la Bretagne; on ignore généralement en Auvergne, que les nombreux troupeaux de porcs qui se vendent tous les hivers à Montferrand, sont destinés à l'Afrique; on les dirige vivants sur *Arles*, et là près des salines d'*Aigues Mortes*, on les prépare pour les exporter en Algérie.

Somme toute, il faut bien le dire, le pays est peut-être susceptible de donner beaucoup de produits, je le crois, mais jusqu'à ce jour il manque de tout, et il n'est pas possible de dire que l'existence matérielle soit à bas prix en Afrique.

J'entends souvent parler, en tous lieux et dans les journaux, des belles céréales de l'Algérie ; je veux bien convenir que ce n'est pas à tort, mais encore qu'on ne croie pas que ce pays en regorge et seulement qu'il en donne suffisamment pour sa consommation : la Russie et l'Angleterre fournissent beaucoup de grains à l'Afrique, concurremment avec Marseille qui n'y expédie pas des blés français mais bien ceux que ces navires vont charger à *Odessa*.

Les sucres et les cafés y venant en franchise de droits de douane, sont seuls à bas prix ; le sucre y vaut 45 à 50 centimes en cours ordinaires, sauf les hausses causées par les manques d'arrivages.

Dans tous pays et dans nos mœurs actuelles, un café est considéré de première urgence, et quand nous parlons de civiliser les barbares, nous sous-entendons sans nul doute ces établissements au nombre de nos agents civilisateurs. Aussi ne faut-il pas s'étonner que l'Afrique en soit bien pourvue ; occupée par une population exclusivement militaire, dès le principe, ce pays offrait de belles chances de succès aux cantiniers aventureux et hardis, l'armée consommait beaucoup et payait bien ; les petits débitants y furent nombreux, mais aujourd'hui leur prospérité va décroissant ; depuis que l'armée tient moins la campagne, qu'une population civile est venue modifier l'état primitif de la société d'Alger, cette profession s'est modifiée, et aujourd'hui chaque industrie, chaque spécialité se classant, le limonadier de bon ton a surgi, et Alger possède de fort jolis cafés : que ce soit un bien que ce soit un mal, je ne saurais le dire ; que ce soit une distraction convenable ou détestable, toujours est-il qu'en Afrique on les fréquente beaucoup.

Il existait avant 1830, il existe encore des établissements qu'on appelle *Cafés Maures* ; ceux-là ne sont fréquentés que par les indigènes qui, stricts observateurs du *Koran*, n'y boivent jamais ni vins ni spiritueux ; mais on peut dire qu'ils se vengent sur le café dont ils font une consommation prodigieuse. J'ai dit, dans une précédente lettre que le café préparé par les Arabes était de qualité parfaite ; leur manière de le préparer et de le servir diffère essentiellement de la nôtre : ils le font bouillir avec la poudre et le marc, et au lieu de le clarifier, ils servent le tout très-chaud comme un potage très-épais. Le consommateur doit donner au marc le temps de reposer au fond de la tasse et ne boire que la partie claire et limpide qui surnage ; le café est servi sucré, et je n'hésite pas à affirmer qu'il est impossible d'en boire d'un parfum et d'un goût plus agréables. Cependant chaque tasse ne se paye que 10 centimes.

Les européens ne vont dans ces lieux que par simple curiosité et ils en sortent toujours désenchantés. En effet, qu'y voit-on ? ce même Arabe toujours impassible, assis sur des bancs de bois rangés autour de la salle, les jambes croisées à l'instar de l'ouvrier tailleur, fumant son chibouk, buvant son café et contemplant je ne sais quel ciel...

Quelques musiciens des deux sexes sont assis sur un large tréteau et tapotent sur des tambours, raclent ou pincent des instruments à cordes ; une ou plusieurs femmes accompagnent cette musique baroque d'une voix criarde et monotone ; leur chant consiste à répéter sans cesse deux ou trois mots qui reviennent indéfiniment les mêmes, sans rythme, sans harmonie. Cela me rappelait parfaitement le fameux *si* de trombonne qui figure dans les *Saltimbanques*. Comme *Odry*, les Arabes peuvent dire que ceux qui aiment exclusivement une même note, s'amusent beaucoup à leur concert ; pour ma part, j'avoue que j'ai ri de grand cœur au premier moment, mais je ne voudrais pas me condamner à les entendre pendant 6 heures ainsi que le font les bons Musulmans.

Il est juste de dire que, par compensation, en servant le café, le chef de l'établissement, qui est un bédouin pur sang, s'empresse d'offrir un *chibouk* à tout européen ; la pipe est parfaitement garnie, et quand vous l'avez à la bouche un garçon vient y poser un énorme charbon ardent. Pour un intrépide fumeur comme moi, l'excellent tabac fait supporter l'insipide musique. A chaque fois que vous chargez votre *chibouck*, vous faites une dépense de 5 cent.; si vous faites l'addition avec les 10 centimes du café, vous trouvez avoir dépensé une bien faible somme pour le plaisir de vous poser, pendant une heure, en petit pacha... à plusieurs pipes.

L'Arabe est généralement peu propre; cependant les bains lui étaient connus, comme vous le savez; les Français ont bien créé des établissements sur lesquels il n'y a ni bien ni mal à dire, mais les indigènes n'en ont pas moins conservé leurs bains orientaux qui sont aujourd'hui une excellente spéculation. Tout français veut en effet connaître cette ablution originale qu'on persiste à appeler un plaisir; mais n'en croyez rien, car ce bain est une torture déguisée; jugez plutôt:

Les bains maures sont fermés pendant le jour, et ne commencent qu'à neuf heures du soir; le bain se prend d'abord en commun, par fournée, dans un vaste réservoir; après une heure passée dans cette première pièce, chaque baigneur est livré à deux vigoureux nègres qui le conduisent dans une piscine d'une température plus élevée; là, vous leur appartenez, bon gré, malgré; ils vous étendent sur une table de marbre, vous ouvrent sur le corps un robinet d'eau bouillante, et brossant, frottant de toute la puissance de leurs bras, vous écorchent sous le prétexte de vous laver. Ce premier supplice n'est que le prélude d'un supplice plus grand encore; vos serviteurs sont gens très-consciencieux et ont à cœur de s'acquitter de leur tache avec une ponctualité désespérante. On vous transporte dans un cabinet qui a la température d'une bouilloire; vous êtes suffoqué, asphixié; vous demandez grâce, mais en vain, le bain maure vous sera administré dans toute sa rigueur.

Après 10 minutes passées à reprendre vos sens, à vous familiariser avec ce lieu de supplices, une nouvelle opération commence.

Votre corps est bien en état, vous ressemblez convenablement à un *homard* cuit, votre air pitteux demande grâce, les *Maures* n'en sont que plus satisfaits, le bain réussit bien, vous serez sans nul doute généreux; aussi redoublent-ils de zèle, s'épuisent-ils à vous étirer les membres, vous frappent-ils, vous massent, vous retournent dessus, dessous, chaque membre subit une opération de dislocation, de désarticulation, vous êtes à l'état du pigeon à la *crapaudine*, c'est parfait; vous avez perdu toute force, vous êtes anéanti, encore cinq minutes et vous succomberiez.

A cet instant, vous n'êtes plus un être vivant, mais un cadavre; on vous transporte dans une salle d'une température douce, agréable, parfumée; quand vous reprenez vos sens, vous voyez encore vos deux bourreaux empressés à vous frotter le corps avec des parfums, des eaux de senteurs. Cette opération terminée, on vous place dans un excellent lit que vous quittez au jour seulement: vous vous levez bien un peu fatigué, moulu, mais on prétend que ce bain fait circuler le sang, préserve des rhumatismes, fortifie le corps; je ne conteste pas toutes les qualités du bain *Maure*, mais j'avoue qu'il a peu d'attrait pour moi, j'en ai fait la triste expérience, et je ne passe qu'en frémissant dans la rue de l'*État-Major*, je tremble toujours de me voir saisir par ces deux nègres qui se tiennent sans cesse à la porte de l'établissement.

Il existe à Alger deux théâtres, mais s'il est permis de dire que ce sont des sujets de distraction, je n'aurai pas le courage de dire que ce sont des sujets de plaisir. Je veux être poli et ne rien négliger, pour cette cause seulement je consens à parler du petit théâtre, mauvaise barraque en bois, où des acteurs d'un talent bien au-dessous du médiocre jouent des vaudevilles d'un mérite équivoque.

Ce théâtre a la prétention de singer le *Palais-Royal*, mais baroque imitateur, il ne sert à ses habitués que la grosse farce, la lourde gaîté des baladins du plein vent. Avec les ressources d'une population mobile et mélangée comme celle d'Alger, vous ne serez cependant pas étonné d'apprendre que ce théâtre est fréquenté et fait de bonnes recettes.

Le second théâtre ne mérite pas pareil dédain, mais il n'a droit qu'à peu d'é-
loges. L'édifice est , je crois, une ancienne mosquée ; la salle est basse, enfoncée
et ressemble à une cave ; en été on est certain d'y prendre un bain de vapeur
Les décors intérieurs ne méritent pas d'éloges, épargnons-leur un blâme. Que
vous dirai-je des acteurs? Je veux être indulgent, et sachez qu'ils jouent le *Chalet*,
la Dame blanche, *le Pré aux Clercs*, etc. Il ont quelquefois le courage de s'atta-
quer aux grands opéras tels que *Lucie*, *la Norma*; c'est du courage vraiment : mais
enfin ces pauvres acteurs font leurs efforts , que leur demander de plus? Chacun y fait de son mieux , le public n'est pas trop sévère , et le tout marche *clopin-
clopant*.

Les drames de *Lucrèce Borgia*, *la Tour de Nesle*, *le Sonneur de St-Paul*, etc
y sont aussi joués par les mêmes acteurs qu'on attache ainsi à deux galères, aussi
jugez de l'heureux résultat. Alger n'a pas encore vu un acteur de mérite médiocre , aussi la prospérité de son *opéra* est fort douteuse.

Pour clore cette lettre , je dois ajouter que l'autorité militaire contribue autant qu'il dépend d'elle au plaisir , à l'agrément de la population. Tous les di-
manches et jeudi, de 5 à 7 heures du soir, la musique d'un régiment vient jouer
sur la place du Gouvernement qui est préalablement bien arrosée par des hommes chargés de ce soin : les élégants s'y donnent rendez-vous, les dames n'y font
pas défaut et la promenade est animée comme en un jour de fête.

Quelques concerts sont donnés tous les mois dans le *Jardin des condamnés*,
au profit des pauvres : des amateurs, des artistes des deux théâtres s'y font entendre , des morceaux de musique y sont joués soit par des amateurs soit par les
musiques militaires.

C'est là une heureuse pensée ; y porter ses deux francs est une bonne œuvre ,
et peut-on être exigeant , sévère , quand on donne pour soulager la misère de
ses semblables. Aussi bien , ne veux-je pas dire que j'y ai trouvé le plaisir d'un
brillant concert , mais chacun y trouvera ce que j'allais y chercher , la satisfac-
tion d'un acte de bienfaisance.

Alger, 14 octobre 1843.

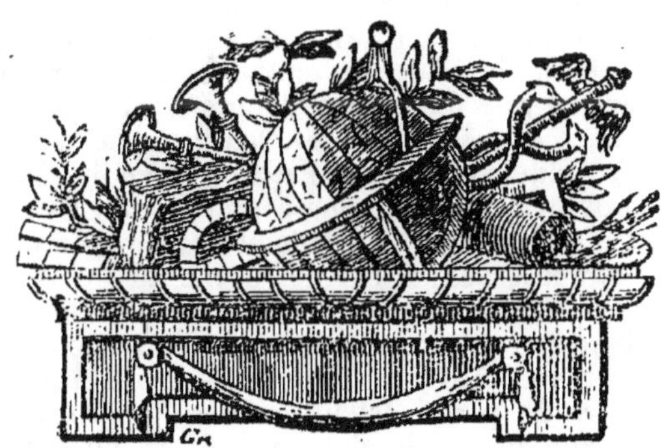

VIe LETTRE.

Je vois avec peine que vous conservez vos injustes préventions contre cette pauvre Algérie; peut-être ne vous êtes-vous pas assez tenu en garde contre les dires souvent fort légers de gens qui jugent d'un pays sur quelques faits particuliers, sur des données incomplètes, insuffisantes.

Si on a beaucoup trop parlé de fortunes rapidement, facilement faites en Afrique, c'était une exagération qui pouvait avoir des conséquences fâcheuses pour quelques personnes trop promptes à croire les succès faciles, mais qui ne pouvait nuire à la prospérité, au crédit de la colonie; par une compensation regrettable, on a beaucoup trop dit et cru que le commerce d'Afrique ne renfermait que le rebut de la société de France, les faussaires de toutes nos villes, les usuriers de toutes nos bourgades, les aventuriers de toutes les classes; c'est là une calomnie contre laquelle je proteste et qui heureusement tombe tous les jours.

Ne croyez pas pour cela cependant que je veuille vous présenter les commerçants de l'Afrique comme un essaim de rosières, comme un bouquet de fines fleurs de la loyauté; si la bonne-foi quittait la France, à coup sûr, elle ne chercherait pas un refuge en Algérie; mais j'ai vu, et vois le commerce de très-près tous les jours, et pour être juste, je dois convenir qu'on trouve là comme partout bon nombre d'hommes qui traitent les affaires avec la plus scrupuleuse probité.

Que l'Afrique renferme des hommes tarés, qu'elle soit le refuge de quelques escrocs commerçants ou autres, qu'un failli honteux, malheureux ou frippon, y porte sa dangereuse industrie, son coupable savoir faire, cela arrive quelquefois trop souvent, qui pourrait le nier?... Mais faut-il s'en étonner? n'est-ce pas le sort réservé à tous les pays naissants, à toutes les colonies?

Je ne dois pas négliger de dire que la France n'y fournit pas le plus grand nombre de commerçants équivoques, la *Sicile*, toute l'*Italie*, *Gênes surtout*, *Malte*, l'*Espagne*, tous les pays du monde enfin y apportent leur contingent.

Une large part étant ainsi faite au mal, me sera-t-il permis d'affirmer que j'ai rencontré dans ce pays beaucoup d'hommes qui portent dans les affaires cette stricte loyauté, cette sévère exactitude qui font la sécurité du commerce?

Il est une autre opinion bien fausse et trop accréditée, c'est de croire que tous ceux qui vont en Afrique comme commerçants, y arrivent les mains et les poches vides d'argent et la tête seulement pleine de projets ambitieux et aventureux; détrompez-vous, et revenez à une idée plus juste sur ce pays.

Il est bien vrai que, dans les premières années, la hardiesse a eu des succès, et que des bénéfices énormes ont été réalisés quelquefois avec un capital bien minime; mais il faut faire la part des temps et des événements à redouter : les chances de perte étaient grandes, les résultats ne devaient-ils pas être en proportion; rien de plus naturel, ce me semble : du reste, ces hommes n'exposaient pas seulement leur petit avoir, mais très-souvent leur existence était en péril lorsqu'il fallait suivre une spéculation à travers les hasards d'une guerre, à la suite d'une armée qui n'avait alors qu'une mission, celle de conquérir.

Aujourd'hui les choses se sont grandement modifiées : le commerce a pris un cours plus régulier, à mesure que la sécurité grandissait, que les communications devenaient plus faciles et sûres, les bénéfices ont pris une limite, une fixité plus favorables à la stabilité des crédits ; la confiance a surgi de cette modification.

Les maisons de banque sont venues établir des comptoirs dans l'Algérie, et il n'est pas rare de voir arriver des négociants avec un capital de *cent* et *cent cinquante mille francs.*

Beaucoup de maisons de Marseilles et du Languedoc y ont créé des succursales, et ouvrent de larges crédits à leurs représentants.

Une traite de commerce sur *Blidah, Philippeville, Bone, Constantine, Mostaganem, Oran,* fournie par un négociant suffisamment connu se négocie facilement à Alger, à 1[4 et 1[3 0[0, valeur en recouvrements : ce taux n'a rien que de raisonnable, car nos banquiers de province n'escomptent que rarement au-dessous et souvent beaucoup au-dessus.

Le taux légal de l'argent, fixé par ordonnance ministérielle, était autrefois de 12, il est aujourd'hui descendu à 10 0[0 : les tribunaux tolèrent même un contrat volontairement consenti, qui s'élèverait à 15 et 18 0[0 : c'est une indulgence coupable que je ne saurais approuver, et qui à mes yeux n'a pas d'excuse.

Pour être vrai, je dois faire l'aveu qu'il s'y fait beaucoup de prêts usuraires dont le chiffre d'intérêt dépasse les limites de la friponnerie modérée : à cela, que répondre ?... La conscience de tout honnête homme frappe de réprobation les voleurs de tous les pays, et il ne reste qu'à gémir sur la tolérance, sur l'incurie qui distinguent à cet égard les parquets de France et de l'Algérie.

Voilà l'état exact du commerce en Afrique : Vous savez que je vous présente les faits avec une impartialité qui ne peut être suspectée, car je suis loin de plaider *pro domo med ;* seulement ma conviction s'est formée sur les lieux, elle est le fruit d'un examen sévère, de l'expérience. Les nombreuses expéditions que j'ai faites et que je fais chaque mois en Afrique, ne nous ont pas donné, en moyenne, plus de faillites que nous n'en éprouvons en France et dans les autres états de l'Europe.

Quel pays, quelle ville n'a pas ses hommes de mauvaise foi ? faudrait-il frapper de réprobation, mettre à l'index une colonie qui subit les chances communes du négoce ? quel département oserait jeter la première pierre à l'Afrique ?

Il est sage de dire que les opérations commerciales exigent en Afrique beaucoup de prudence, de discernement, d'activité ; une certaine entente du négoce des places comme Marseilles, Bordeaux, Nantes, y est indispensable.

Le succès y tient essentiellement à ces qualités, les hommes avec lesquels on est appelé à traiter les possédant en partie ; les jeunes gens des ports de mer y réussissent en général mieux que les hommes de l'intérieur de la France. Ces derniers sont trop timides, trop lents aux affaires ; ils sont plus propres à un commerce de détail.

Sur une question très-grave, je suis en désaccord avec l'opinion publique et j'hésite d'autant plus à combattre cette erreur que vous la partagez ; mais si l'intérêt des populations émigrantes l'exige, faut-il déguiser la vérité ? dans l'espoir que ma conviction pourra avoir quelqu'influence sur les projets de quelques uns de nos compatriotes, je l'exprimerai franchement au risque de heurter de front des opinions reçues jusques à ce jour.

Je veux parler de l'avenir réservé aux colons qui émigrent pour aller chercher en Afrique une position meilleure : Les journaux enregistrent chaque jour le nombre de ces malheureux qui vont y chercher un bien-être qui existe rarement pour eux et qui y trouvent le plus souvent déboire et déception. Au chiffre des émigrants on juge de la prospérité agricole de l'Algérie et sur cette donnée mensongère, les journaux ne tarissent pas en descriptions encourageantes.

Je voudrais partager votre optimisme, mais la vérité est toute autre, et j'affirme que, quant à présent du moins, rien n'est plus fâcheux et déplo-

rable que cette confiance aveugle qui conduit à une misère horrible des mil-
liers de malheureux. Voici du reste les faits tels que je les ai vus, dans toute
leur exactitude la plus impartiale.

Quelques villages tels que *Ste-Amélie*, *St-Ferdinand*, *Ouel-Fayet*, etc. etc.,
ont été créés aux environs d'Alger, on en crée d'autres dans un rayon de
dix lieues. Des terrains ont été et sont défrichés avec le secours des troupes.
La distribution des logements, la repartition des terrains n'est faite qu'à quelques colons aisés, recommandés, privilégiés; le favoritisme joue un grand
rôle dans tout cela. Des fonctionnaires de tout ordre ne négligent pas, dit-on,
à l'aide de prête-noms, de se faire comprendre dans ce partage du Lion. Pour
des colons ainsi traités et qui doivent offrir la garantie d'un capital de *trois
mille francs*, cette position n'est peut-être pas sans quelques avantages plus ou
moins éloignés; la proximité d'Alger donne à ces villages une importance incontestable et qui s'accroîtra dans l'avenir.

Voilà bien le beau côté, c'est là l'exception; voyons le revers de la mé-
daille, c'est la règle.

Les colons non privilégiés (la masse) sont pris et conduits dans l'intérieur
des terres; agglomérés et mal abrités dans de mauvaises huttes, on leur donne
quelques provisions, quelques instruments aratoires, on leur trace des alignements pour les guider dans les constructions qui doivent former le village;
la distribution des terrains faite, quelques soldats laissés pour les protéger,
les colons sont alors libres de vivre s'ils le peuvent, et de prospérer si le
hasard le permet.

N'oubliez pas en outre que tout leur reste à créer; les plantations sont nul-
les, les prairies n'existent pas, les sources sont très-rares, et s'il existe parfois des
cours d'eau, ils ont besoin d'être réglés; avec pareilles charges et pareilles
ressources est-il possible qu'une famille puisse fournir à ses besoins journa-
liers, faire les premiers frais de culture et de semailles, et attendre le produit d'une récolte qui n'est pas toujours certaine.

Je n'ignore pas que les animaux domestiques sont d'un bon produit, d'une
grande ressource dans la campagne, mais encore faut-il en faire l'achat et les
nourrir long-temps avant d'en tirer profit; les fourrages, les pommes de terre
sont si rares en Afrique que l'administration les tire soit de l'Italie, soit des
Côtes de l'Océan. Est-il possible qu'un colon fasse les frais d'achats semblables
pendant six mois seulement?

A toutes ces charges ajoutez l'obligation imposée à chaque colon de construire une maison dont le plan lui est fourni, et cela dans un temps donné. Sup-
posez, si vous le voulez, que le malheureux, à force d'économie, de gros
labeurs, triomphe de ces difficultés, le croyez-vous maître et libre de tout
souci? détrompez-vous. En vertu d'un contrat qu'on lui fait signer lors de
sa mise en possession du terrain, le fisc vient lui réclamer le remboursement
d'une rente perpétuelle qui grève la propriété qu'il occupe.

Voilà le tableau exact du sort réservé aux colons, et je n'ai rien assombri
à plaisir. On fait un appel trop imprudent à des familles qui ne trouvent jamais en Algérie une protection efficace. J'ai vu de ces malheureux qui, ar-
rivés depuis plusieurs mois, réclamaient en vain l'exécution de promesses
pompeusement faites. Le gouverneur-général les renvoyait au directeur de
l'intérieur qui les adressait au directeur des finances, lequel se retranchait
derrière des raisons telles que : « Les plans ne sont pas terminés, la caisse des
» secours est épuisée; la commission n'a pas eu le temps de délibérer sur-
» votre demande en concession; des difficultés imprévues nous empêchent
» de prendre une décision; nous attendons des ordres de Paris »

Bref, c'était toujours une temporisation fâcheuse; de cette imprévoyance
il en résultait le plus souvent la misère, le désespoir, la mort.

Quiconque a vu l'Afrique y a rencontré de ces pauvres familles allemandes,
sans feu ni lieu, en haillons, promenant leur infortune, et montrant à un
peuple que nous voulons civiliser, les effets de notre incurie, de notre in-

souciance ; c'est un spectacle hideux et qui donne aux Arabes une triste idée de notre société européenne.

Les statistiques à la main, on peut hardiment affirmer que des colons qui partent pour l'Afrique, un tiers s'y case tant bien que mal ; un tiers y succombe dans la première année, décimé par les privations et les maladies, et le dernier tiers revient en Europe porter son désenchantement, son désespoir et une misère moins résignée.

De tout ceci faut-il en conclure que l'Afrique n'offre point d'avenir à l'agriculture, que ce pays est ingrat, improductif, et que dans un temps plus ou moins éloigné, il ne sera pas agricole au même degré qu'il deviendra commerçant. Telle n'est pas ma pensée. Je crois sincèrement que l'Afrique, outre son importance incontestable au point de vue politique, est destiné, non pas à donner des revenus à la France, mais je suis convaincu qu'elle est apte à se suffire ; c'est là l'œuvre du temps seulement.

Aussi bien ne suis-je pas disposé à combattre les émigrations pour ce pays, mais je voudrais que l'autorité fût plus prévoyante et les émigrants plus prudents. Il serait à désirer que lorsqu'un appel est fait aux colons, ils trouvassent en toute certitude et sécurité une position qu'il dépendrait d'eux seuls d'améliorer.

On a manqué jusqu'à ce jour de plans bien arrêtés, de résolution ferme, de sagesse, de prudence, de *bon vouloir réel*, disons le mot, puisqu'il est dans ma pensée : On voit que tout ce simulacre de colonisation n'est qu'une concession forcée, faite avec répugnance à l'opinion publique.

Dans une prochaine lettre, je vous parlerai du système mis en pratique en Afrique pour amener les indigènes à nos mœurs et des résultats obtenus ; nous dirons un mot de la question religieuse. Adieu....

Alger, 21 octobre 1843.

VIIe LETTRE.

Lorsque le gouvernement de Charles X, cédant à une susceptibilité honorable, résolut et déclara la guerre à *Hussein*, sous prétexte de laver l'insulte faite à la France dans la personne de notre consul, il est juste de reconnaitre que le coup d'éventail servit à couvrir les véritables motifs qui étaient puisés plus haut ; et ces motifs sont tous à l'honneur de la *Restauration* qui a su ajouter une belle page de gloire à notre histoire nationale. Depuis trop long-temps notre commerce maritime avait à souffrir de la piraterie ; nos réclamations étaient mal accueillies à la *Casbah* d'Alger, où elles ne rencontraient que dédain et insolence. L'Angleterre toujours jalouse, ambitieuse et perfide, avait dans ces parages une influence qu'elle employait contre nous, et maîtresse de *Gibraltar*, elle partageait avec les corsaires l'empire de la Méditerranée sur la côte africaine.

La position merveilleuse de *Gibraltar*, les relations qu'elle savait se ménager, sa puissance maritime, tout se réunissait pour ouvrir à l'Angleterre un large débouché à ses produits ; aussi avait-elle moins à souffrir des exactions d'Alger, Maroc, Tunis, Tripoli, et supportait-elle plus bénévolement que nous cet état de choses ?

Détruire la piraterie, c'était atteindre un double but ; accroître notre puissance maritime dans la Méditerranée et diminuer d'autant celle de l'Angleterre, c'était donner plus de sécurité et d'extension à nos relations d'Outre-Mer.

Planter le drapeau français sur la côte africaine était un acte de politique, profondément nationale.

Ces causes et ces motifs admis, n'est-il pas permis d'affirmer que Charles X, roi sincèrement religieux, fût déterminé par cette conviction qu'il rendait un grand service à la religion, à la société, en accomplissant cette croisade contre les infidèles modernes.

Ce monarque devait se complaire à l'idée que son nom serait attaché à un acte qui implanterait le catholicisme sur la terre de Mahomet.

Quels seront les progrès de la religion catholique en Afrique ? quelles réformes apportera-t-elle dans ce pays ? quels services y rendra-t-elle ? quelle sera son influence, sa part d'action sur les mœurs d'un peuple qui en est encore aux idées des sociétés primitives ? Nul ne peut présager l'avenir ; quant à présent, je dois dire à regret, mais en toute sincérité que la religion catholique n'a fait aucun prosélyte parmi les Arabes et qu'elle est restée, du reste, comme tous les mobiles employés jusqu'à ce jour, impuissante à nous donner un ami, un allié sincère.

N'allez pas croire que je refuse de reconnaitre les services que le christianisme a pu rendre ici et surtout le beau rôle que l'avenir peut lui réserver, seulement je constate le peu de résultats obtenus sans vouloir tirer une conséquence trop rigoureuse.

Du reste, ma pensée s'expliquera mieux pour vous quand vous saurez que le peuple Arabe est, selon moi, un de ces peuples dont les mœurs, les habitudes, les convictions ne se modifieront que lentement, difficilement, après de longues années. Comment convaincre des hommes qui ne daignent pas écouter et qui refusent la controverse. Tous les arguments viennent échouer devant une volonté de fer qui consiste à ne jamais prêter l'oreille à tout ce qui s'éloigne de leurs idées reçues.

L'Arabe est d'un caractère fier, entier, mais souple par calcul et par ruse : fourbe, avare, vindicatif, mais patient et persévérant pour satisfaire ses bonnes comme ses mauvaises passions ; s'il est pillard adroit, on ne peut nier qu'il ne soit soldat courageux, et quand j'entends dire que l'Arabe n'est courageux et brave que par fanatisme, je me rappelle involontairement cette définition du courage aussi juste que brève : *Le courage n'est qu'un beau fanatisme.*

Fanatique en religion et aveuglément attaché au culte de *Mahomet*, l'Arabe ne discute jamais et ne se croit pas permis d'élever un doute, de faire une objection ; il croit et ne cherche pas à s'éclairer ; aussi ne souffre-t-il pas que l'on viennne lui présenter un dogme nouveau et contraire à ses croyances. Soit sincérité, soit habitude, l'Arabe observe rigoureusement les préceptes du *Koran*.

Une fête religieuse assez semblable à notre carême, et qu'ils appellent *Ramadan*, a lieu tous les ans parmi les Musulmans ; elle dure un mois pendant lequel une abstinence rigoureuse doit être observée dans le jour. Les croyants ne peuvent prendre de la nourriture que pendant la nuit ; le repas commence au coucher du soleil ; un coup de canon tiré du haut d'une mosquée en donne le signal, et le repas peut se continuer toute la nuit ; un second coup de canon tiré au point du jour annonce que l'heure de l'abstinence est revenue. Il est rare de voir un Arabe enfreindre cette règle rigoureuse.

L'usage du vin et des spiritueux de toutes sortes est considéré comme une atteinte portée à la religion, sauf de rares exceptions. On peut affirmer que le Mahométan n'outrepasse pas la défense.

On a conservé une grande liberté à l'exercice de tous les cultes, et la religion catholique est venue prendre racine sur un sol qui les renferme tous. Chaque ville, chaque village un peu important a été doté d'une église ; des curés les desservent, et si les ressources de la localité ne leur suffisent pas, une indemnité leur est fournie sur le budget d'Afrique. L'évêque envoyé à Alger était bien l'homme qui convenait à un pays neuf ; il fallait toute son activité pour organiser, créer pour ainsi dire un exercice religieux ; un séminaire a été créé, et aujourd'hui on a complètement réussi à réunir les éléments épars d'un culte qui a des adhérents mélangés et confondus dans une population qui diffère autant de croyances que d'origines.

La religion catholique a pris une large place sans porter atteinte, sans violenter les usages, les convictions du pays : les juifs sont nombreux et trouvent auprès de l'autorité la même protection bienveillante.

Le peuple Arabe est si susceptible qu'il n'aurait été ni sage ni prudent de le heurter de front ; il tient obstinément à ses usages, à ses croyances, à ses plaisirs, et il serait d'une mauvaise politique de porter une main trop hardie aux vices mêmes que nous y avons trouvés passés en usage. On a si bien compris cette ténacité que l'autorité a long-temps toléré et tolère encore certaines cérémonies qui vont jusques à la licence.

Tous ceux qui ont visité Alger avant 1842, peuvent avoir assisté aux divertissements de *Garagousse* qui n'ont été interdits qu'en octobre 1842.

C'était un spectacle d'origine ancienne, montré et dirigé par des Arabes, dans le genre de ce que nous appelons la lanterne magique, il y avait là une série de tableaux d'une peinture si cynique, si révoltante, d'une crudité si repoussante que j'avoue n'avoir pu y assister sans une certaine répugnance. Tout ce que l'imagination la plus dépravée a pu inventer y était déroulé avec une complaisance extrême, et les Arabes en compagnie de leurs femmes, de leurs enfants, voyaient cela sans sourciller, tant ce peuple est ou corrompu ou naïf, je ne veux pas dire lequel. Ce n'est qu'après 12 ans que l'autorité a pu faire disparaître cette école d'immoralité ; une si longue tolérance n'était ni insouciance ni incurie, mais nécessité commandée par le caractère de l'Arabe.

J'ai dit que l'Arabe est avare, et en effet, sa passion est d'enfouir tout l'argent dont il peut disposer. Beaucoup sont au service des Européens, d'autres travaillent aux constructions publiques ou particulières ; ceux de la campagne se créent des bénéfices par la vente des légumes, du bois, des animaux domestiques qu'ils élèvent, du gibier qu'ils prennent très adroitement, par différentes sources enfin, de fortes sommes passent tous les jours entre les mains des Arabes, et ne reviennent plus dans la circulation ; aussi le numéraire est-il très-rare en Afrique. La monnaie de France a seule cours dans le haut commerce ; cependant on y voit beaucoup de *douros* et de *piastres*, les payements entre juifs et avec les négociants de *Maroc* et *Tunis* se font avec ce numéraire.

Dans les tribus de l'intérieur et même dans les villes parmi les petits commerçants Arabes, le *Boudjou* a été conservé et a cours comme autrefois : Le *Boudjou* vaut 1 fr. 80 c. de France, il se divise en 24 *mouzounes*, ce dernier représente par conséquent 7 c. 1⁄2 de France.

J'ai dit que l'Arabe était vindicatif, on ne peut dire cependant qu'il soit d'un naturel méchant. Les crimes contre les français sont très-rares dans les villes, et dans les campagnes les quelques assassinats qui se commettent sur des personnes isolées sont la conséquence inévitable de l'état de guerre, ou le fait de malfaiteurs qui ne manquent pas plus à l'Afrique qu'à nos pays civilisés.

L'Arabe est pillard, voleur, et ces vices peuvent bien le porter à un crime, mais il n'est pas féroce par nature ; despote et jaloux à l'excès, il est très chatouilleux sur son honneur de mari et ne pardonne jamais à une femme coupable, il se fait justice lui-même et la décapite impitoyablement. Un Arabe ne pardonne jamais à un ennemi quel qu'il soit, et sa vengeance n'est satisfaite que par la mort. Quoique généralement très-attaché à ses enfants, un père ne supporte jamais le déshonneur volontaire ou involontaire de sa fille, et à défaut du séducteur, il immole sa fille pour effacer toute souillure de sa famille, de sa maison.

Les tribus insoumises sont encore à cet état de sauvage justice, mais dans celles qui sont sous notre domination, ces mœurs s'effacent chaque jour et ces actes sont du reste réprimés.

Pour les délits ordinaires, pour les crimes contre les personnes ou les propriétés, les Arabes sont soumis à la juridiction des lois françaises et jugés selon les formes d'usage par les tribunaux établis dans les villes d'une certaine importance. Les délits de guerre sont soumis aux conseils de guerre ; pour les difficultés qui surgissent entre eux et qui en France seraient du ressort du juge de paix, ils sont renvoyés devant le *kadi* ou tout autre Arabe nommé par le gouverneur et investi de pouvoirs suffisants ; ses jugements souvent un peu empreints du caractère *Bédoin*, sont cependant sans appel. Cette juridiction expéditive évite de grandes entraves à nos tribunaux.

Au début de cette correspondance, mon intention n'était pas de toucher aux graves questions, ni surtout d'y faire entrer ni blame ni éloges pour les hommes qui jouent un rôle en Afrique, mais puisque vous me provoquez, puisque vous désirez quelques mots qui soient l'opinion fidèlement traduite du public d'Afrique, je vous les dirai avec impartialité. Vous m'avez toujours rendu cette justice et je vous en remercie, c'est que je ne blâme jamais par système. Aussi bien, adversaire politique du général Bugeaud, je n'hésite pas à reconnaitre qu'il a rendu quelques services ; mais on ne s'est pas assez défendu de l'exagération ; on a dit de lui trop de bien et trop de mal.

Homme d'une louable activité, d'une énergie remarquable, le général Bugeaud passe pour un homme précieux dans les opérations, dans les travaux de détail ; ses connaissances en agriculture ne remplacent pas les hautes vues du grand administrateur qui lui manquent complétement. Le système suivi par lui de faire une guerre incessante et par petites colonnes mobiles ; ce système a eu de bons résultats, mais on a trop dit que lui seul en avait eu la pensée et en était capable ; les moyens d'exécution, les ressources avaient seules manqué à d'autres gouverneurs ; et du reste, la pacification est loin d'être complète comme il l'écrit trop souvent Les rayons autour des grands centres sont pacifiés et sûrs, les points plus éloignés ne le sont pas, qu'on le croie bien.

On ne remarque pas assez que le général Bugeaud a profité de dix années d'essais, de tentatives; il a usé d'un budget plus large que ses devanciers, les troupes ne lui ont point manqué comme au maréchal Clausel, par exemple, les idées heureuses, les fautes de ses prédécesseurs lui ont servi de guide, et avec l'aide de lieutenants tels que Lamoricière, Changarnier, Bedeau, Cavaignac, hommes d'un talent si marqué, aujourd'hui si bien rompus à cette guerre, il ne faut pas s'étonner que l'administration du général Bugeaud ait fait faire un grand pas à la consolidation de notre conquête.

On lui reproche une brusquerie, un entêtement bien déplorables, et personne n'a oublié ici que c'est à ces défauts que l'on doit le départ du brave et savant général Duvivier : et ces jours derniers encore le général Changarnier a dû quitter l'Afrique pour ne pas laisser abaisser sa dignité devant l'arrogance un peu brutale du gouverneur. L'armée voit avec peine ces tracasseries mesquines et jalouses lui enlever des hommes qui avaient toute sa confiance, et elle les accompagne de ses regrets.

Sans prétendre que justice n'est jamais rendue au mérite, on se plaint cependant que le favoritisme a trop d'accès auprès du général Bugeaud, et les récompenses se font trop attendre pour certains hommes quand les faveurs vont toujours chercher quelques flagorneurs qui ont pour premier mérite une souplesse sans bornes. Je pourrais citer et nommer tel colonel d'état-major qui ne provoque que dédains et quolibets quand il vient promener sur la place du gouvernement à Alger, sa face patibulaire, et étaler son large cordon de commandeur de la légion d'honneur.

En regard, comme contraste frappant, je citerai ce digne colonel Cavaignac qui attend depuis long-temps un avancement bien dû à ses talents hors ligne, à son courage passé en proverbe. Cet oubli est si sévèrement apprécié par l'opinion publique que j'ai vu une espèce d'ovation accueillir Cavaignac sur la place du gouvernement comme pour protester contre l'injustice qui le frappe : Cavaignac était absent depuis six mois, et commandait la subdivision d'Orléans-Ville, où il a acquis de nouveaux titres à l'admiration de la France : appelé à Alger par quelques intérêts de son commandement, il parut un dimanche sur la place du gouvernement qui était encombrée de promeneurs. Bien connu de toute l'armée et surtout de la population, Cavaignac qui se distingue par une belle taille, par une sévère tenue et une allure toute militaire, par une figure rigide et bien caractérisée, Cavaignac fut à l'instant suivi, entouré, chacun s'arrêtait pour le voir, et civils et militaires de tout grade étaient désireux de lui serrer la main.

L'avancement a été plus rapide pour Jousouf qui, déserteur, venant on ne ne sait d'où, entra comme simple soldat au service de la France en 1833 et commande aujourd'hui les quatre régiments de *spahis* en qualité de colonel-général, grade qui n'existe que pour lui. A part sa bravoure que personne ne conteste, Jousouf n'a jamais fait preuve d'autre mérite, et un tel grade conféré à un Arabe est au moins une grande imprudence. Je suis désolé d'en faire l'aveu, contrairement à l'opinion reçue en France, la population d'Afrique ne l'entoure d'aucune considération, d'aucun respect; on juge Jousouf très-sévèrement, il n'inspire ni estime, ni confiance et sa conduite ne justifie ni son grade, ni son prodigieux cordon de commandeur de la légion d'honneur qu'il étale avec trop d'ostentation et de fatuité.

Le général Bugeaud qui prend cependant des airs de soldat laboureur laisse toujours percer ses manières soldatesques et son dédain pour le civil. Il oublie ou ne sait pas assez qu'une armée est faite pour conquérir, conserver, maintenir, et qu'arrive un moment où son rôle se réduisant à servir d'auxiliaires pacifiques, la prospérité d'une colonie ne tient plus à une population exclusivement militaire, mais bien à une population civile qui, seule, peut transformer un pays.

Ces préventions ont porté des fruits et un accord parfait ne règne pas entre le civil et l'armée. On a maladroitement créé des intérêts séparés, distincts sur la terre d'Afrique ; l'armée voit presque avec peine le régime du sabre s'évanouir, et un état plus conforme à nos mœurs lui succéder ; ne devait-on pas la préparer à ces modifications en lui persuadant bien qu'au jour où son rôle serait prêt à finir commencerait le règne d'une puissance plus régulière, plus pacifique ? Aujourd'hui, il lui semble qu'elle est dépouillée d'un bien qui devait lui appartenir, tant on a donné à l'armée une idée fausse de sa mission dans notre société,

A ma première lettre, je vous ferai faire une excursion sur la côte et en jetant un coup-d'œil rapide sur les points intermédiaires, nous porterons nos pas jusqu'à Oran, qui mérite bien une mention particulière. Adieu...

Alger, 21 octobre 1843.

VIIIe LETTRE.

Avant de quitter Alger, après un séjour qui dépasse huit jours, il est indispensable à tout voyageur d'aller retirer son passeport resté en dépôt au bureau de police, et de se faire inscrire sur un tableau qui est et demeure affiché pendant trois jours sur la place *Mahon*. Si aucune opposition n'est faite dans ce délai contre votre départ, le visa du passeport est accordé, et alors seulement il est permis de prendre un bulletin de passage au bureau de la poste, qui ne les délivre que sur pièce en bonne forme.

Ces formalités sont sagement exigées dans un pays qui, abondant en gens de toutes nations et qualités, a besoin d'une sévère surveillance.

Pour aller à *Oran*, distant d'Alger de 76 lieues, il n'est pas d'autre voie possible que la voie de mer. De long-temps encore le voyage ne pourra se faire par terre : il n'existe que quelques lambeaux de route sans continuité, et quand on me parle de progrès, je suis toujours disposé à demander pourquoi il n'y a pas même une route pour atteindre *Cherchell*, le point le plus rapproché d'Alger du côté de l'ouest. Il me semble qu'il serait convenable de créer et de consolider les relations sur les points occupés depuis long-temps avant d'aller se jeter dans le désert à la poursuite d'un ennemi insaisissable.

Il y aurait une grande imprudence à essayer le trajet par terre d'Alger à Oran, personne n'est disposé à le tenter, et il me paraît bien que c'est là encore un argument victorieux qui fait douter de cette pacification complète qu'on vante beaucoup trop.

Dans cet état de choses, il a bien fallu se résigner à mettre le pied sur ces navires à vapeur de l'état qui, pour nous civils, sont à juste titre un épouvantail et un lieu de peu d'agrément. Sachez en effet que depuis 13 ans le gouvernement peu soucieux de favoriser le commerce n'a pris aucune mesure pour rendre les relations faciles et commodes. Les ressources du commerce en Afrique sont trop restreintes pour alimenter un navire qui ferait le trajet de la côte, et après l'épreuve faite par le bateau à vapeur le *Sully* qui, faisant le voyage de *Maroc* à *Tunis* en touchant aux points intermédiaires n'a jamais couvert ses frais, après cette épreuve, nul commerçant n'oserait entreprendre pareille spéculation, et il faut bien convenir que les 9 ou 10 points maritimes que nous occupons sur une étendue de 230 lieues sont d'une importance trop minime pour attendre cette amélioration d'une société qui ne serait pas aidée par le budget.

Que reste-t-il donc pour parcourir le littoral ? Les bâtiments de l'état dont le prix est trop élevé en raison du peu de soins que l'on y trouve.

Ces bâtiments affectés au transport des dépêches, des troupes, des provisions de bouche et de guerre, ne donnent aux passagers civils que des places de *Pont* : vous savez ce que le mot veut dire : c'est le droit réduit à sa plus mince limite de monter sur le bâtiment, sans abri pour se défendre du soleil ou de la pluie, sans une couverture pour se reposer, on n'obtient pas plus de soins, d'égards que les animaux qui sont souvent vos compagnons de voyage. Que les places privilégiées d'intérieur, de cabines soient réservées et données de préférence aux officiers de passage, cela se conçoit, cela doit être ; mais qu'on s'obstine à refuser aux passagers civils les places restant inoccupées, c'est une rigueur sans excuse, et c'est cependant ce qui a lieu. Que le navire soit encombré de militaires, souvent de chevaux, il faut rester là pêle-mêle, supportant une chaleur tropicale ou une pluie torrentielle. L'arrière du pont est tenu avec une grande propreté, eh bien ! ce lieu réservé pour la promenade des officiers de passage est interdit aux civils.

La brusquerie des officiers de marine est proverbiale et sauf quelques exceptions que je me plais à reconnaître, j'avoue que ceux qui font le service d'Afrique sont d'une arrogance et d'une rigidité qui leur valent peu de sympathies. Les plaintes les plus graves, les mieux fondées à cet égard, ont été adressées à l'autorité qui n'a encore pris aucune mesure pour rendre les voyages au moins supportables pour les passagers civils qui, malgré ce titre, n'en ont pas moins droit à quelque sollicitude de sa part.

Le départ du courrier d'Alger pour Oran a lieu tous les mardis à 8 heures du soir ; le trajet se fait en 48 heures par une mer favorable, et en y comprenant le temps employé à toucher aux quatres points intermédiaires, qui sont *Cherchell, Tenez, Monstaganem, Arzew.* Le bâtiment fait un repos de deux jours à Oran et repart tous les samedis soir pour Alger.

Je suis parti d'Alger par le *Cozyte*, bâtiment qui m'était bien connu, et je suis heureux de dire qu'à son bord on n'y est pas trop maltraité. En faisant route, je vous dirai un mot, à la hâte, de chaque point occupé par les Français le long de la côte.

Le premier est *Cherchell*, ancienne ville détruite et rebâtie plusieurs fois et qui ne ressemble aujourd'hui qu'à un petit village ; une belle caserne, un hôpital construit sous la direction de Cavaignac, pendant qu'il y commandait, il y a cinq à six ans, quelques maisons particulières en petit nombre, voilà tout *Cherchell* occupé par quatre à cinq cents militaires, et une population civile assez faible ; son port est petit, ni trop sûr ni trop dangereux ; en somme, l'avenir de Cherchell me paraît bien borné ; après une halte pour remettre les dépêches, déposer et prendre les passagers, nous reprîmes le large, et le mercredi à quatre heures du soir nous touchâmes à *Tenez* : deux heures étant nécessaires pour le débarquement de quelques troupes, j'en ai profité pour descendre à terre, et connaître ce point que nous occupons depuis huit mois seulement.

Un camp qui subsiste encore fut primitivement établi sur un plateau qui domine la mer, et qui surveille la vieille ville. Sur le penchant d'une colline se trouve l'ancien *Tenez* encore habité par les indigènes, entre les deux, sur un terrain calcaire, sur le bord d'une rivière dont le nom m'est échappé, le *Chéliff*, je crois, *Tenez* la nouvelle s'élève, mais lentement. Les alignements sont tracés, quelques maisons sont en voie de constructions, mais les baraques en bois y sont encore en majorité. Le sol m'a paru fertile, assez bien cultivé, le pays est assez couvert mais d'arbres chétifs, les bois de construction y manquent complètement comme dans le reste de l'Algérie. Le commerce s'est rapidement porté à *Tenez*, qui se lie à *Orléans-Ville*, placée à douze lieues de là dans l'intérieur des terres. Cette dernière ville encore naissante est le centre d'une subdivision militaire que commande Cavaignac, que l'on place partout où il y a beaucoup de difficultés à surmonter et de dangers à courir ; elle se trouvera dans l'avenir le point intermédiaire et de passage de la route projetée d'Alger à Oran.

Tenez reçoit un grand mouvement de la création d'*Orléans-Ville* et sera toujours le point de passage des troupes, l'entrepôt de marchandises pour cette subdivision. Malheureusement son port est de médiocre grandeur et peu abrité. Continuons notre route.... Avant d'atteindre *Monstaganem*, je ne veux pas négliger de vous parler de *Mazagran*, situé sur une petite éminence, à une lieue de la côte, et à égale distance de Monstaganem ; c'est un village de chétive apparence, d'origine arabe, occupé encore par une tribu amie : Le fortin que l'on voit apparaître blanchâtre est celui où se défendirent les 123 français, commandés par le capitaine Lelièvre ; ce petit fort a été depuis remis en meilleur état de défense, il est toujours occupé par une compagnie et le village de *Mazagran* est habité aussi par quelques Européens qui y font des essais en agriculture. *Mazagran* sert pour ainsi dire d'avant poste à *Mons-taganem* du coté de la campagne à l'ouest.

Monstaganem est une place forte située à 17 ou 1,800 mètres de la mer ; elle est bàtie en amphithéâtre , sur les côtes opposées d'un ravin qui la divise en deux villes ; elle est flanquée de deux tours de construction ancienne, remises en état de défense et qui servent de quartier-général et de caserne. Les environs de la ville m'ont paru dénudés et je les crois peu fertiles. Une route due aux Français, tracée le long de la colline, conduit en serpentant du port à la ville. *Monstaganem* a une certaine importance militaire et commerciale qui se serait accrue plus rapidement encore si le mouillage était moins difficile et dangereux. Mais il n'y a pas de rade proprement dite , et les navires de l'état ne peuvent y stationner. Les bàtiments à voiles du commerce sont obligés de faire leur débarquement à la hàte, et au moindre vent ils sont forcés de lever l'ancre et gagner prudemment le large, pour éviter les brisans contre les quels ils iraient infailliblement se heurter.

La mer est si mauvaise et l'abordage si périlleux devant *Monstaganem* que j'ai vu, par un vent modéré, les courriers ne pouvoir y déposer ni prendre les dépêches et les passagers.

Pour cette fois pareil accident ne nous est pas arrivé ; notre navire était déjà encombré et pour surcroit d'agrément nous avons dù prendre 250 prisonniers arabes que l'on expédiait à Oran. Une Razzia venait d'ètre faite depuis deux jours sur les *Flittas* , et j'ai pu juger ce que valaient les captures dont on embellit les bulletins. Ces pauvres *Flittas* venaient de faire 25 à 30 lieues; harassés de fatigue , couverts de boue et de poussière, ayant pour tous vètements des lambeaux d'étoffes qui cachaient à demi leur nudité, ils offraient un spectacle qui aurait été plaisant s'il n'eût été pénible. Le cortége n'était composé que de femmes, d'enfants et de quelques vieillards; il n'y avait pas un homme valide. Les femmes horriblement laides, enlaidies encore par un tatouage et des incisions qui labouraient leur figure, traînaient après elles une multitude d'enfants en bas âge, qui étaient d'une nudité presque complète ; les vieillards suivaient abattus, pleurant, priant, grommelant : figurez-vous la frayeur de ces infortunés qui , n'ayant jamais quitté leur montagne , voyaient pour la première fois un navire, y étaient embarqués sans savoir pour quel lieu, et ignorant quel sort les attendait. C'étaient des cris, des pleurs déchirants; chacun de nous usait de son peu de science en langue arabe pour les rassurer. Ils furent parqués dans l'avant du navire et se groupèrent comme un troupeau de moutons; il leur fut délivré du pain et quelques vases d'eau pour tout festin.

Je n'ai jamais vu ètres plus laids, plus sales, plus hideux, plus misérables que ces *Flittas*, et si ce sont là les fameux prisonniers que l'on prend ordinairement , il serait aussi convenable de les laisser à leur misère ; il n'y avait pas là un être capable du moindre acte d'hostilité. Les hommes valides avaient été tués ou s'étaient échappés par la fuite.

Quittons ce spectacle de dégoùt, de misère, d'horrible laideur et seulement fait pour attrister l'âme.

La dernière station avant d'arriver à Oran est *Arzew* qui n'a d'autre importance que par son port assez vaste, sûr, bien abrité. Quant à *Arzew* qui était autre fois un misérable village, il a revêtu une couleur plus gaie depuis la construction d'une jolie caserne , d'un hôpital convenable et de quelques maisons qui sont la propriété des rares Européens qui s'y sont fixés. *Arzew* a pour garnison 2 ou 3 compagnies de la légion étrangère, et je soupçonne que ce doit ètre un triste séjour; les environs ne sont ni boisés ni fertiles.

Pour celui qui fait pour la première fois le voyage d'Oran, sa surprise est grande de voir le bàtiment tenir la mer et passer outre à la ville. Sachez qu'*Oran* n'est pas le moins du monde un port de mer comme on le dit et le croit par erreur; *Oran* n'a ni rade ni plage abordable, et un bàtiment de 50 tonneaux n'y stationnerait pas en sécurité.

Mers-el-Kebir, à 6 kilomètres d'Oran, a un bon port, vaste, sûr, avec un fond suffisant pour recevoir les gros vaisseaux de guerre. C'est là que toute la marine de ces parages va se réfugier et que se font les débarquements de toutes sortes destinés à la province d'Oran.

Mers-el-Kebir est d'une grande importance comme point maritime, aussi les Turcs qui l'avaient compris en avaient-ils fait une place forte ; une forteresse formidable avait été construite par eux sur la pointe nord du continent pour commander et défendre l'entrée de la rade du côté de l'Espagne et de Gibraltar ; cette forteresse subsiste encore. A cause même de cette importance, les Espagnols dont la puissance était alors grande sur mer et que leurs succès d'Amérique enhardissaient, les Espagnols cherchèrent à s'emparer de *Mers-el-Kebir* qui, en effet, tomba en leur pouvoir, en 1506 ; mais leur projet ne s'arrêtait pas là ; ils jetaient des yeux de convoitise sur Oran ; ils fortifièrent de nouveau *Mers-el-Kebir*, y restèrent trois ans sans pouvoir faire une sortie heureuse ; enfin, en 1509, ils entrèrent à Oran par surprise et s'y établirent en maîtres.

Mers-el-Kebir resta au pouvoir des Espagnols jusqu'en 1791, époque à laquelle ils en sortirent volontairement en vertu d'un traité qui la livra aux Maures. Je vous parlerai plus longuement de ce fait lorsque j'aurais à faire l'historique d'Oran dont *Mers-el-Kebir* a toujours suivi le sort. *Mers-el-Kebir* me parait être le port le plus vaste, le plus sûr de toute la côte africaine en notre pouvoir (je parle de port naturel et non d'ouvrages de mains d'homme) ; sa position est des plus favorables ; en regard des côtes d'Espagne que par une belle journée, on aperçoit facilement, aux portes, pour ainsi dire, de Gibraltar d'où les Anglais ne peuvent faire sortir un navire sans qu'il passe sous les yeux du bâtiment français stationnaire qui se tient toujours en rade de *Mers-el-Kebir*, je regarde ce dernier port comme notre avant-poste de ce côté de la Méditerranée.

Mers-el-Kebir n'est qu'un misérable village qui, commercialement n'est que le point de transit des marchandises à destination de la province d'Oran. Une faible garnison de 50 hommes y fait le service, et je crois qu'on a trop négligé de le mettre à l'abri d'un coup de main. Quelques maisons de chétive apparence s'y sont élevées, et c'est là tout son avenir ; il est lié à Oran par une route taillée dans le roc, qui longe la mer et aboutit à une porte crénelée. L'entrée d'Oran est bien gardée de ce côté ; la porte est le seul passage possible, et d'un côté la mer et de l'autre la montagne à pic rendent redoutables les ouvrages militaires qui en défendent l'entrée.

A un prochain courrier nous ferons une visite rapide dans Oran et quelques réflexions sur la province. Adieu.

Oran, 5 novembre 1843

IXᵉ LETTRE.

L'histoire d'*Oran* se lie à celle de *Mers-el-Kebir* et réciproquement. Pour expliquer le mélange de population, comprendre les types divers de races qu'on y rencontre, pour se rendre compte des phases qu'a subies l'archi-tecture de cette ville, phases qui ont toutes laissé des vestiges, il faut remonter son histoire et la prendre au commencement du 16ᵐᵉ siècle.

Je vous ai dit dans une précédente lettre que, maîtres de *Mers-el-Kebir* en 1506, les Espagnols s'emparèrent, par surprise, d'Oran en 1509, et qu'ils s'y établirent en maîtres; deux siècles plus tard, leur ancienne splendeur avait pâli, leur puissance maritime avait baissé considérablement, de même que leur prépondérance dans la politique générale du monde; dans ces circonstances les Maures firent une tentative qui fut couronnée de succès, et les en expulsèrent en 1708. Par un dernier effort semblable à celui d'un agonisant, les Espagnols y rentrèrent en 1718, et s'y maintinrent, s'épuisant en hommes et en argent jusqu'en 1791. A cette époque un événement imprévu vint augmenter leur embarras et porter le dernier coup à une puissance qui était trop lourde pour eux. Un tremblement de terre renversa les fortifications d'Oran et coûta la vie à 2,000 habitants.

Épuisé d'hommes et d'argent par ses guerres aventureuses, effrayé de la commotion qui ébranlait l'Europe, manquant de finances pour réparer le désastre d'Oran, voyant sa population diminuer chaque jour à la suite des nombreuses émigrations de familles qui avaient abandonné la Péninsule pour aller tenter la fortune dans l'Amérique, le cabinet de Madrid se dégoûta d'une occupation qui l'embarrassait, et proposa l'évacuation d'*Oran* et de *Mers-el-Kebir* à *Hassan*, dey d'Alger. En conséquence, en vertu d'un traité signé le 21 septembre 1791, *Mers-el-Kebir* et *Oran* furent replacées sous l'autorité des Turcs.

Oran, évacuée par les Espagnols, restait déserte; le nouveau bey dût songer à la repeupler; il s'adressa aux tribus environnantes, auxquelles il offrit des avantages, tels que l'exemption, pendant un certain nombre d'années, des impôts en argent et denrées et des contingents en hommes qu'avait droit de prélever la régence d'Alger. Ces conditions favorables tentèrent les tribus nomades, et *Oran* se repeupla de *Koulouglis*, de *Beni-Amers*, de *Garabats*. A cette variété se joignit une multitude de juifs venant des quatre points cardinaux, race toujours âpre au lucre et qu'on attirera toujours et partout avec la promesse d'un bénéfice à réaliser. A ces derniers, on concéda, à vil prix, des emplacements et des constructions dans le haut de la ville, où ils formèrent une population distincte. Cette ligne de démarcation existe encore à Oran; les juifs habitent tous la partie supérieure de la ville, du côté de la plaine.

Oran n'a jamais été, n'est pas et ne peut devenir une jolie ville. Bâtie sur les versants opposés d'un profond ravin, elle n'a point de belles rues et manquera toujours de régularité. Elle possède une assez vaste place, peu agréable, dépourvue qu'elle est d'ombrage. La rue Napoléon est d'une belle longueur, d'une largeur convenable, mais mal bâtie, mal habitée. La rue Philippe est bien bordée de quelques platanes qui lui donnent un peu d'ombrage, mais elle a le défaut d'être en ligne courbe et en pente rude, de telle sorte qu'elle ne peut servir de promenade.

Oran peut se diviser en trois parties bien distinctes : la haute ville sur le flanc droit du ravin; la basse ville sur le flanc gauche; (ces deux parties sont reliées entre elles par un pont jeté sur le ruisseau qui coule au fond du ravin , et la marine qui se prolonge jusqu'à la mer , et sert d'entrée à la ville. Dans ce dernier quartier sont situés les bureaux de la douane et les grands entrepôts de marchandises.

Les constructions ont subi dans tous les quartiers les modifications et les caprices imposés par les diverses occupations ; aussi les maisons sont un mélange du genre mauresque et espagnol, auquel vient se joindre l'architecture française qui bouleverse et transforme tout. Le quartier de la marine est , pour ainsi dire, de création française , et les autres quartiers perdent leur caractère primitif , pour prendre notre enveloppe

Il n'a dans Oran rien de remarquable si ce n'est un palais, un château fort , servant de forteresse et d'habitation princière au temps des *beys*. C'est un immense terrain couvert de nombreux bâtiments, divisé par plusieurs cours et qui sert aujourd'hui simultanément de logement au général *Lamoricière*, commandant supérieur de la province et de casernes où sont logés les Spahis ; on y a de plus placé les bureaux de la poste.

Oran possède encore une mosquée dont la tour élégante fait toute la beauté, située à mi-côte de la rue Philippe , cette mosquée qui porte le nom de *Dubaka* fut construite par ordre de Hassan , lors de sa prise de possession d'*Oran* en 1791 ; elle sert encore au culte musulman.

Quoique la seconde ville de l'Algérie comme population, commerce et puissance militaire , Oran n'est pas une ville agréable à habiter ; aussi la population européenne se divise facilement en deux classes, en militaires ou employés de toutes administrations , et en commerçants ou industriels petits ou grands ; le surplus est arabe et juif et s'occupe aussi du négoce. Le séjour d'Oran ne peut avoir de l'attrait que pour celui qu'y retiennent des motifs d'intérêts ou de service. Nul agrément , nulle distraction ne s'y rencontre , et sous ce rapport Oran est bien loin d'Alger , la seule ville de l'Afrique qu'un homme désœuvré puisse habiter avec quelque plaisir.

La campagne d'Oran offre peu de compensation à la triste monotonie de la ville ; dépourvue d'arbres , de verdure , de prairies , de ruisseaux , elle ne présente à l'œil attristé qu'une plaine couverte de broussailles ou des monticules rocailleux. On a tenté dans un certain rayon des essais d'agriculture , je doute que , dans un cercle de quelques lieues autour de la ville , on parvienne jamais à des résultats bien avantageux. Le ravin qui partage la ville en deux parties est seule fertile ; il est bien cultivé , couvert d'arbres toujours verts , et fournit la quantité de légumes et d'herbages nécessaires à la consommation journalière de la ville.

La population d'Oran est variée à l'infini ; cela s'explique par les diverses dominations qu'elle a subies et qui y ont implanté leur type national. Les juifs y sont nombreux , l'empire de Maroc y fournit un fort contingent, les Espagnols , soit proximité , soit que le pays leur réveille des souvenirs glorieux qui flattent leur vanité, les Espagnols des deux sexes y viennent en foule et les Italiens n'y manquent pas. En résumé , la population d'Oran étant de 10,000 âmes , les Français n'y sont pas dans la proportion de plus d'un tiers.

La température d'Oran est à peu près semblable à celle d'Alger , mais plus mobile ; les journées sont brûlantes , les soirées , les nuits et les matinées très-fraîches et abondantes en rosée. On n'y voit jamais ni neige ni glace, mais une forte brise de mer y souffle fréquemment et s'engouffre dans le ravin ; aussi quoique l'air y soit pur et salubre, on doit à cette mobilité de la température , de fréquentes maladies.

Je vous ai dit qu'Oran était la seconde ville de l'Algérie en population et comme importance militaire et commerciale ; chef-lieu de la division , point de passage et entrepôt forcé des villes de l'intérieur, telles que *Mascara* et *Tlemcem*, elle a un mouvement qu'on ne lui soupçonnerait pas au premier coup d'œil. Le commerce y est florissant , bien assis et offre toute sécurité et garantie ; aussi jouit-il au dehors d'un bon crédit et d'une confiance bien méritée.

Malheureusement ce pays n'offre aucune ressource pour l'exportation, et les nombreux bâtiments marchands qui vont faire leur débarquement à *Mers-el-Kebir* ne trouvent dans toute la province aucun chargement en retour, et sont obligés de revenir en leste.

Autrefois la province d'Oran et plus particulièrement les campagnes de *Tlemcem* et *Mascara* fournissaient une assez forte quantité de grains que les Arabes vendaient à bas prix et que la marine marchande, à défaut de chargements plus lucratifs, prenait en retour pour les transporter à *Gyde* et à *Cette*, et de là les repandre dans le Languedoc qui, en échange, fournit ses vins. Aujourd'hui, à la suite de Razzias inintelligentes, la culture des champs a été négligée, et la province est dans la plus grande pénurie de céréales. Les Arabes sont à la misère, donc ils sont réduits, a-t-on dit ; c'est là un argument spécieux et que je n'admets pas ; c'est, du reste, un pitoyable système que celui qui consiste à tout dévaster pour atteindre un but de pacification.

Si on eût voulu pousser les conséquences rigoureusement nécessaires de ce système jusqu'à leur extrémité, il fallait dévaster les propriétés et passer impitoyablement par les armes toutes les tribus rebelles ; or, je ne pense pas que personne ait eu la triste intention d'appliquer un pareil genre de guerre.

L'application d'une mesure était superflue, si elle n'était suivie de l'autre ; aussi, qu'est-il arrivé ? On a laissé la vie aux Arabes, et en même temps on leur a enlevé tous moyens d'existence ; de telle sorte que beaucoup ont abandonné leurs tribus pour se mettre à la suite de l'émir, lorsqu'il est venu les provoquer à la guerre sainte, et il trouvera toujours des mécontents prêts à se jeter dans ses rangs, tant que cet état de misère durera pour eux.

Ceux qui plus confiants, plus pacifiques ont voulu nous rester fidèles, sont dans une telle disette de céréales qu'ils sont obligés de venir s'en approvisionner à Oran. Aussi, voyons-nous ici journellement des caravanes de chameaux, par 2 et 3 cents, qui viennent charger du blé pour alimenter les tribus de l'intérieur.

Les Arabes peuvent-ils, voudront-ils supporter long-temps pareils sacrifices, je ne le crois pas : avares outre mesure, habitués à enfouir l'argent qu'ils possèdent, ils se résignent difficilement à en faire l'emploi, et notez que le blé qui se vend aujourd'hui à Oran, vient soit d'Odessa par la marine marchande, soit de Bone où il abonde ; passant entre les mains des spéculateurs, on comprendra sans peine qu'il est vendu aux Arabes à un prix qui doit leur paraître exorbitant.

Aussi regardé-je cet état de choses comme propre à dégoûter l'Arabe de notre domination et à le pousser à l'insurrection ; c'est un aliment offert au mécontentement, à la révolte, à la guerre.

La province d'Oran est cependant assez sûre et tranquille dans certaines parties. Dans un cercle de 10 lieues, il est possible de circuler, non pas en toute sécurité, mais sans trop de crainte ; j'ai moi-même, dans une partie de chasse, en compagnie de sept à huit français, exploré toutes les plaines jusqu'à la montagne des Lions et dans la tribu des *Garabats* ; nous étions bien armés, il est vrai, et je ne sais si cette précaution nous a valu le respect des Arabes que nous avons rencontrés, mais je dois avouer que nous n'avons pas été inquiétés.

Un Convoi, portant les dépêches, part d'Oran tous les huit jours pour *Mascara*, un autre pour *Tlemcem*. Une escorte de 15 à 20 cavaliers suffit pour en assurer la sécurité. Les commerçants que des affaires appellent dans ces villes font route avec la colonne, et il est rare qu'une attaque à main armée soit dirigée contre cette poignée d'hommes qui ne peuvent marcher, civils ou militaires, que bien montés et bien pourvus d'armes. Cependant quelques assassinats ont été commis dernièrment, et il serait peu prudent de s'aventurer seul dans cette course de 25 lieues.

Le commerce qui se fait à *Tlemcem* et *Mascara* se borne à la consommation et aux besoins des troupes, et la population civile est restreinte à quelques européens qui vont là dans un but de spéculations diverses.

Le service d'Oran est fait par les divers détachements qui l'occupent et par la milice.

C'est ici le moment de réparer un oubli et de vous parler d'une institution qui a une similitude parfaite avec la garde nationale de France, avec cette différence que les nominations d'officiers ne sont pas soumises à l'élection, mais bien laissées au choix du gouverneur général qui les soumet à l'approbation du ministre de la guerre. Tout européen, à quelque nation qu'il appartienne, ayant fait un séjour de trois mois en Afrique, est sujet au service de la milice. A Alger, ce service est aussi sévère et rigoureux que celui de la troupe ; la discipline est la même et les miliciens de garde sont sous l'autorité et la surveillance du commandant de place, qui les traite avec rigueur. A Oran, cette discipline sévère a existé, mais s'est considérablement relâchée, et j'ai vu avec peine cette institution bien précieuse et utile dans un pays conquis descendre au *laisser-aller* de nos gardes nationales des villes de 4e ordre.

Oran relève nécessairement du gouverneur général ; son administration civile s'exerce sous le contrôle d'un sous-directeur civil. Un maire, dont les attributions sont très-limitées, administre la ville. La justice est ordinairement rendu par un tribunal de pemière instance dans les limites déterminées par le code. Ce tribunal se forme en cour ciminelle, et juge, sans jurés, dans les crimes et attentats qui, en France, relèvent de la cour d'assises.

L'administration de l'enregistrement comprend les domaines, les concessions de terrains, les finances en général Les ponts et chaussées comportent aussi un cadre de travaux qui ne sont pas dans ses attributs en France. Des notaires, des huissiers y ont été nommés et tout s'y trouve assis sur une base qui, pour avoir besoin de se consolider, n'en présente pas moins tous les rouages de notre organisation de France.

Pour clore cette lettre, je vous dirai qu'Oran, quoiqu'assez bien fortifiée, ne serait pas à l'abri d'un vigoureux coup de main. Défendue à l'ouest par le fort la *Moune*, à l'est par l'ancienne forteresse, et au midi par un rempart de faible hauteur, elle est gardée de ce dernier côté par des blocaux qui sont distancés en avant-poste dans la plaine. Sa garnison est ordinairement très-faible depuis l'application du système du général Bugeaud qui tient les troupes continuellement en campagne, ou tout au moins dans les camps de l'intérieur.

Au premier courrier, si j'en ai le loisir, je vous adresserai une dernière lettre qui vous portera quelques notes sur le côté est et principalement sur les villes du littoral, telles que *Bougie*, *Philippeville*. Je rentre à Alger et me dirigerai immédiatement sur *Bone*, d'où je vous daterai la prochaine lettre qui terminera cette série.   Adieu.

Oran, 10 novembre 1843.

Xᵉ LETTRE.

De même que pour l'ouest, le voyage sur la côte est ne peut se faire que par la voie de mer; les routes ne sont pas de ce côté en meilleur état et le trajet par terre d'*Alger* à *Bone*, serait beaucoup moins sûr que dans la province d'*Oran* : aussi toutes les communications, tous les transports ont lieu par les bâteaux. Un navire à vapeur, portant les dépêches, part les 10, 20, 30 de chaque mois d'*Alger* pour *Bone* en touchant à *Bougie*, *Gigelly*, *Philippeville* et enfin *Bone*, où il stationne deux jours après lesquels il revient à Alger en suivant la même ligne et les mêmes mouillages.

La distance d'Alger à *Bone* est de 85 lieues qui se divisent ainsi ; d'*Alger* à *Bougie* 35, de Bougie à *Gigelly* 14, de Gigelly à Philippeville 16, enfin de cette dernière ville à Bone 20 lieues. Le parcours se fait en 50 et 55 heures, terme qui paraît exagéré mais qui s'explique par le temps employé et perdu aux stations plus haut indiquées.

Je suis parti par l'*Achéron*, bateau à vapeur de l'état ; je vous ai suffisamment parlé de ce mode de transport qui a toujours mon antipathie et permettez que je passe outre pour vous dire quelques mots des points intermédiaires : Le premier est *Bougie*, son port est sûr, d'un fond très-propre à recevoir les bâtiments de haut bord, mais peu vaste : La ville est bâtie sur une montagne, ses rues sont en pente rude, sans régularité, et toutes les maisons sont de vieilles masures arabes qui lui ont bien conservé son caractère mauresque.

Quelques modifications, quelques constructions ont été faites par les Français, mais elles sont de peu d'importance et il est permis d'affirmer que si Bougie était évacuée, six mois après il ne resterait pas un vestige de notre occupation, sauf la caserne et l'hôpital ; c'est une ville qui n''a rien dépensé en architecture.

Le commerce y est borné à la consommation locale ; le pays ne donne rien en échange à l'exportation, de telle sorte que les navires marchands qui y transportent les provisions nécessaires ne peuvent gagner leurs frais de retour. Les environs de *Bougie* ne sont sûrs qu'à une petite distance, et les tribus qui habitent les montagnes sont guerrières et promptes à l'insoumission. Le pays quoique montagneux m'a paru fertile et plus couvert qu'on ne le voit généralement en Afrique.

En résumé, *Bougie* est un point faible, peu important, mais bon à garder à cause de son excellent mouillage, et nécessaire pour tenir en respect les indigènes de ces contrées. Un bataillon de la légion étrangère y tient garnison et fait tous les mois quelques sorties indispensables pour intimider nos alliés des campagnes, gens d'un caractère indomptable, rebelle et aventureux.

De *Bougie* à *Gigelly* la distance est de 14 lieues, vous ai-je dit : aussi ces deux villes se soutiennent mutuellement : *Gigelly* a un port qui n'a un peu de valeur que par une pointe assez avancée dans la mer, et qui forme une rade naturelle, mais la côte n'étant pas défendue par une montagne, se trouve livrée à toute l'impétuosité des vents et par une mer un peu tourmentée, les navires se tiennent difficilement au mouillage.

Gigelly n'est pas une ville, mais une bourgade qui demande de longues années pour sortir de sa médiocrité ; son occupation est cependant d'une rigoureuse nécessité pour relier entr'eux les différents postes en notre pouvoir et ne pas laisser sans surveillance une trop grande étendue de terrain. Les tribus dans le demi-cercle qui environne *Gigelly*, sont composées de *Kabayles* dont la fidélité est toujours équivoque et l'amitié rarement sincère. Courageux, passionnés pour la vie nomade, impatiens de tout joug qui gênera leurs habitudes pillardes et vagabondes, les *Kabayles* seront difficiles à dompter. Ils joignent à une valeur incontestable une férocité qui les a toujours rendus redoutables, et au temps des Dey d'Alger ils ne payaient jamais les impôts volontairement, il fallait les y contraindre par les armes et les effrayer par quelques têtes décollées ; ce qu'on ne leur épargnait pas, et alors ils cédaient à la force, se soumettaient, prêts à recommencer à première occasion. Aussi les habitants de *Gigelly* ne dépassent qu'avec grande précaution les Blokaus qui enceinent le village à 6 ou 8 kilomètres. Tout l'espace compris entre Gigelly et *Philippeville* n'est que peu sûr et mal soumis ; c'est un pays montagneux, inabordable, peu propre à la création d'établissements agricoles.

Philippeville est de création *française*, elle a été bâtie sur un terrain en pente douce qui s'étend jusques à la mer : il n'y a point de rade, ni même de plage commode et par la plus petite brise les navires ne peuvent y toucher.

Le choix de ce lieu n'est justifié que par la proximité de *Stora*, dont la rade est sinon très-vaste et sûre du moins assez abritée,

Philippeville fut fondée en 1837 après la prise de *Constantine* ; ses maisons sont toutes françaises, solidement construites en grosses pierres blanchâtres. l'intérieur de la ville est loin d'être agréable et ses rues manquent d'animation ; c'est en un mot une ville de tristesse désespérante.

Induits en erreur par des promesses trompeuses, imprudemment encouragés par des rapports pompeusement mensongers, les négociants sont venus trop légèrement se fixer à Philippeville et absorber dans des constructions fort couteuses des capitaux, qui aujourd'hui leur font défaut : aussi la place de Philippeville ne jouit que d'un crédit médiocre, et son commerce est languissant.

Point de transit pour les marchandises, de passage pour les troupes dirigées sur Constantine, elle conservera un mouvement, une importance qui lui donneront un peu de vie tant que les communications par terre seront impossibles ; mais que les routes s'ouvrent, que les villes puissent communiquer entre elles par la voie de terre, j'ai la certitude que Philippeville se dépeuplera et finira par devenir une misérable bourgade ; la mobilité de sa population est un signe certain de ce que j'avance : portée en 1841 à 3,500 âmes, elle est redescendue à 2,500 et n'ira jamais au-delà Il ne fallait pas être doué d'une forte seconde vue pour prévoir cet avenir et si je ne puis comprendre l'aveuglement des Européens qui se sont ainsi abusés, je ne saurais approuver l'imprévoyance de l'autorité qui a négligé d'ouvrir les yeux à ces aveugles : et cela lui était facile puisqu'on ne pouvait bâtir là comme partout ailleurs que sur son autorisation et sur des plans et devis fournis par elle

l'autorité plus sage et plus prudente aurait dû forcer les Européens à se renfermer dans des dépenses plus modérées, elle n'ignorait pas que la prospérité de *Philippeville* était factice, momentanée, et le résultat d'une occupation récemment étendue jusqu'à Constantine ; mais elle n'ignorait pas non plus que ce pays, aride, sans ressources, forcé de tout tirer du dehors, ne donnant à l'exportation que quelques laines en échange, elle n'ignorait pas que ce pays était destiné à jouer un rôle très-modeste ; si elle eût été plus soigneuse des intérêts de la colonie, l'autorité supérieure eût empêché la construction de belles maisons qui ne produisent rien, et *Philippeville* aurait 2 millions de capitaux qui lui seraient fort utiles.

Distants de 4 kilomètres, *Philippeville* et *Stora* sont réunis par une route taillée dans le flanc de la montagne, et qui a été tracée depuis notre occupation.

Stora n'est ni une ville, ni un village, mais seulement un composé de quelques baraques en bois qui servent de logement aux pêcheurs, aux cantiniers, et de corps de garde au détachement qui y fait le service ; il est impossible que *Stora* prenne de l'extension et devienne même un village, car les constructions y sont presqu'impossibles, à cause de la configuration du terrain ; figurez-vous en effet une montagne à pic dont la hauteur est de 200 à 300 mètres, dans les flancs de la montagne une gorge qui forme la rade, et la mer s'avançant jusqu'au talus de la montagne, de telle sorte que c'est sur le plan fortement incliné qui se trouve compris entre le débarcadère et le sommet de la montagne que se tiennent perchées et penchées les habitations au nombre de 8 à 10 qui forment ce qu'on appelle *Stora*.

Je n'ai pas vu sans quelque émotion et sans un certain plaisir *Stora* qui fut, il y a quelques années, le théâtre d'un naufrage essuyé par l'un de nos compatriotes, naufrage que son courageux sang-froid sut rendre pour ainsi dire glorieux. Je veux vous parler de M. *Gatier*, capitaine de corvette, commandant aujourd'hui le brick le *Méléagre* et la station de Barcelone. C'est un nom bien connu de l'Auvergne et de la France, que celui du marin qui dans ce dernier poste si périlleux et si difficile a su s'attirer l'admiration de tous.

En novembre 1 40, je crois, M. Gatier montait la corvette de charge la *Marne* et tenait les côtes d'Afrique : il fut asssailli dans les parages de Philippeville par une tempête effroyable ; la mer était si furieuse, que les vagues franchissaient un rocher en aiguille de la hauteur de 60 pieds qui se trouve placé à l'entrée ouest de la rade de *Stora* : après avoir épuisé toutes les ressources de la science marine, après s'être épuisé en efforts courageux mais impuissants, le brave commandant de la *Marne* dût céder à la puissance irrésistible des éléments, il s'échoua sur la plage entre Philippeville et *Stora*. La population de ces deux localités était accourue au secours des naufragés ; mais envain !... La méditerranée était en fureur, il était impossible d'atteindre le bâtiment en péril et de lui donner de nouvelles amarres pour suppléer à celles qu'il avait perdues ; l'équipage seul pouvait se sauver à force de hardiesse et d'intrépidité,

Je ne vous décrirai pas tous les dangers courus, toutes les tentatives inutilement faites ; sachez qu'il restait pour dernier moyen de salut le grand mât du navire que le capitaine *Gatier* fit abattre pour s'en servir comme d'un pont qui devait lui aider à atteindre la côte. Une partie de l'équipage ayant déjà péri pendant la tempête et dans les diverses manœuvres exécutées pour éviter une mort imminente, le surplus se risqua sur le grand mât et la moitié à peine atteignit la terre : au nombre des naufragés se trouvait un lieutenant de vaisseau, second du bord : Le capitaine *Gatier*, toujours calme et maitre de lui. avait présidé à cette opération dangereuse avec tout le dévouement, toute l'habileté qu'on était en droit d'attendre d'un homme tel que lui, et quand le navire ne renferme plus un homme, il jeta un dernier regard sur son bord et s'aventura à son tour sur cette voie chancelante ; les lames ébranlaient le grand mat qui n'atteignait pas complètement la côte et le couvraient en mugissant : épuisé de fatigue, déjà blessé à la cuisse, notre digne et courageux compatriote ne put résister à la violence des lames, il fut entraîné et disparut ; on ne pourrait dire par quel heureux hasard il fut rejeté à la côte où on le releva, brisé, meurtri et presque mourant.

Je n'oublierai de ma vie avec quels mots élogieux, quelle admiration on me racontait ce naufrage ; le nom de M Gatier n'est prononcé sur cette côte qu'avec vénération ; ses collègues de la marine que j'ai consultés lui rendent cette bonne justice que sa réputation d'excellent marin n'est point usurpée.

La conduite de M. Gatier devant Barcelone a depuis bien justifié l'opinion qu'on avait conçue de lui et si l'Auvergne est fière d'un pareil homme, sa famille qui habite Clermont peut à bon droit être flattée de compter dans son sein un membre aussi distingué.

Il est à regretter qu'on ne lui ait pas rendu plus de justice, et que les nominations qui ont eu lieu depuis ne l'aient pas fait capitaine de vaisseau , grade qu'il mérite à tous égards ; espérons que cet oubli sera bientôt réparé . . . .

La distance de *Philippeville* à *Bone* est de 20 lieues , que l'on franchit en dix heures. La rade de *Bone* est médiocrement abritée, et peu profonde, l'abordage est difficile.

La ville est d'origine fort ancienne et offre tous les caractéres bien conservés de l'architecture mauresque, cependant elle se transforme chaque jour et sa prospérité toujours croissante permet au commerce des améliorations qui en font déjà une ville fort agréable ; bâtie sur le flanc droit d'un monticule , son extrémité *est* s'étend dans une plaine qui en facilitera l'extension.

La campagne de *Bone* est fertile, bien cultivée , et toute la province est tranquille , aussi l'agriculture ne s'y est pas ralentie , et les Arabes viennent tous les matins en grande confiance y porter des provisions de toute nature ; aussi c'est la ville de l'Algérie qui offre le plus de ressources pour le bien être de la vie matérielle et à bien meilleur marché que partout ailleurs.

Le blé y abonde et donne quelques chargements à l'exportation ; les bancs de corail qui se trouvent en assez grande quantité dans ces parages y attirent beaucoup de bateaux pêcheurs qui viennent en partie de l'Italie , et donnent à son port un assez grand mouvement : je ne crois pas me tromper en prédisant que *Bone* qu'on a trop négligée et trop peu favorisée jusqu'à ce jour, acquerra une importance immense. Si toute l'Algérie était en voie de progrès comme le cercle de Bone , on peut hardiment affirmer qu'on pourrait diminuer d'un tiers l'armée et de moitié le budget énorme qu'elle nous coûte. Pour tout spéculateur , c'est le lieu qui offre les chances les plus sûres de prospérité dans un avenir peu éloigné.

A proximité de *Tunis* par terre et par mer , *Bone* est un point militaire et maritime de la plus haute importance, elle se lie à Constantine par une route en assez bon état ; de cette dernière ville une autre route conduit à Constantine , de telle sorte que ces trois points occupés forment un triangle irrégulier , mais qui ne laisse pas que d'être très-propre à tenir en respect toutes les tribus qu'ils enserrent.

C'est à trois kilomètres de Bone , à l'est et sur le bord de la Méditerranée que sont les ruines de l'ancienne Hyponne dont on a trop parlé pour que je vous en dise un mot. A la dernière visite qu'y fit l'évêque d'Alger en compagnie de quelques autres prélats français pour y recueillir les restes de saint Augustin , son ancien évêque, la chapelle fut réparée , et aujourd'hui les catholiques qui habitent ou visitent Bone ne négligent pas d'y faire une visite , les uns par dévotion , le plus grand nombre par curiosité.

Puisqu'enfin, mon cher ami , fidèle à ma promesse , j'ai rempli la tâche que vous m'aviez imposée , permettez-moi de vous demander un peu d'indulgence pour des épîtres qui se ressentent nécessairement de mon inhabileté, de mon inexpérience ; vous les avez exigées, ne soyez donc pas un juge trop sévère.

N'oubliez pas qu'elles sont le fruit seulement des heures de loisir que me laissent mes graves occupations commerciales. Je désire que toutes imparfaites qu'elles sont, elles suffisent pour vous donner une juste idée de l'Algérie.

J'ai passé en revue les choses les plus saillantes : mœurs, usages, religion , costumes, industrie, agriculture , j'ai fait en sorte de vous initier à tout ce que j'ai vu d'un œil impartialement observateur. Il reste beaucoup encore et mieux à dire , je laisse ce soin à des écrivains plus habiles et plus exercés.

Je pars sous peu de jours pour Alger, de là pour la France au premier courrier : si votre curiosité n'est pas complètement satisfaite, je me réserve d'achever de vive voix, dans notre Auvergne, où je vous verrai , le tableau que je vous ai mis sous les yeux. Je quitte avec plaisir l'Afrique qui m'a retenu près de trois mois et où je suis condamné à revenir en avril 1844. Comptez sur ma visite à mon retour à Clermont et conservez-moi votre précieuse amitié. Adieu.....

HENRI C.....

Bone , 25 novembre 1843.

9 782013 185707